Das Beziehungs-Mandala

Das Grundmuster in Beziehungen, Freundschaften und Konflikten

Bücher von Harry Eilenstein:

- Astrologie (496 S.)
- Photo-Astrologie (64 S.)
- Handbuch für Zauberlehrlinge (408 S.)
- Der Lebenskraftkörper (230 S.)
- Die Chakren (100 S.)
- Meditation (140 S.)
- Drachenfeuer (124 S.)
- Krafttiere – Tiergöttinnen – Tiertänze (112 S.)
- Hathor und Re:
    Band 1: Götter und Mythen im Alten Ägypten (432 S.)
    Band 2: Die altägyptische Religion – Ursprünge, Kult und Magie (396 S.)
- Muttergöttin und Schamanen (140 S.)
- Die Entwicklung der indogermanischen Religionen (700 S.)
- Christus (60 S.)
- Odin (284 S.)
- Der Kessel von Gundestrup (220 S.)
- Kursus der praktischen Kabbala (150 S.)
- Eltern der Erde (450 S.)
- Blüten des Lebensbaumes:
    Band 1: Die Struktur des kabbalistischen Lebensbaumes (370 S.)
    Band 2: Der kabbalistische Lebensbaum als Forschungshilfsmittel (580 S.)
    Band 3: Der kabbalistische Lebensbaum als spirituelle Landkarte (520 S.)
- Über die Freude (100 S.)
- Das Geheimnis des Seelenfriedens (252 S.)
- Von innerer Fülle zu äußerem Gedeihen (52 S.)
- Das Beziehungsmandala (52 S.)

Kontakt
    www.HarryEilenstein.de
    Harry.Eilenstein@web.de

Impressum:
Copyright: 2009 by Harry Eilenstein
Herstellung und Verlag: Books on Demand GmbH, Norderstedt
ISBN: 9783842300538

für Juniper Ranglack

Inhaltsverzeichnis

1. Entdeckungsgeschichte

Viele Strukturen sind sehr einfach, wenn sie nach ihrer Entdeckung erst einmal klar formuliert worden sind. Dies trifft auch auf die Struktur des Beziehungsmandalas zu. Doch der Weg zu diesen klaren Formulierungen ist oft sehr lang und voller unerwarteter Wendungen und das Endergebnis läßt sich oft bestenfalls ahnen.

In der Regel sagt dieser lange und gewundene Weg auch selber viel über die gefundene Struktur und ihre Bedeutung aus. Deshalb möchte ich dieses kleine Buch über das Beziehungsmandala mit der Entdeckungsgeschichte dieses Mandalas beginnen.

Im Folgenden habe ich nur den eigentlichen Roten Faden beschrieben, der zu der Formulierung dieser Beziehungsstruktur führte, aber nicht alle kleineren Aspekte, die dabei mitgewirkt haben, denn sonst müßte ich hier im Grunde genommen eine ausführliche Autobiographie verfassen – schließlich sind Beziehungen ein Thema, das in fast alle Lebensbereiche und bis in die Tiefen der Psyche hinein reicht.

Das erste Puzzlesteinchen dieser Struktur fand ich mit fünf Jahren, wobei mir damals dessen Bedeutung natürlich in keiner Weise bewußt war. Ich hatte als Fünfjähriger eine Halsoperation meiner Mandeln und Polypen. Zu der Zeit, als diese Operation durchgeführt wurde, betäubte man noch mit Chloroform. Diese Methode ist dafür bekannt, daß sie häufig dazu führt, daß die Patienten nicht vollkommen bewußtlos werden, sondern eine Astralreise erleben, d.h. sich selber als außerhalb ihres Körpers schwebend wahrnehmen. So erging es auch mir: Ich konnte großen Teilen der Operation an meinem Körper bewußt zusehen und die Ärzte beobachten, während mein Leib wie tot oder schlafend unter mir lag.

Solche Astralreise zeigen, daß es im Menschen etwas gibt, das nicht zu dem materiellen Körper gehört und ihn verlassen und ihn dann von außen beobachten kann. In diesem Erlebnis liegt letztlich die Vorstellung über die Seele begründet, die wegen dieses Erlebnisses des Schwebens von allen Völkern als Vogel, Vogel-Mensch-Mischwesen (z.B. Engel) oder als ein Mensch im Federkleid dargestellt worden ist.

Dies war mir damals natürlich alles noch nicht bewußt. Das Erlebnis selber habe ich allerdings nie vergessen, denn es war sehr beeindruckend.

Das zweite wesentliche Puzzlesteinchen, das letztlich zu dem Beziehungsmandala führte, fand ich mit achtzehn Jahren, als ich eines Tages spontan ein Bild von einer Frau zeichnete, das ganz anders war als die Bilder, die ich bis dahin gemalt hatte. Die Frau stand gerade und aufrecht, ganz in sich ruhend und hatte einen sehr bewußten Blick. Sie war unbekleidet und ihre erhobenen Arme gingen in Flügel über. Ihr Körper war mit Ornamenten und Linien bedeckt, die wie Kraftströme wirkten.

Ich war etwas verblüfft über das, was ich gemalt hatte und habe mich gefragt, was das wohl sein könnte. Das erstaunlichste war, daß diese Frau im Grunde genommen so aussah, wie ich wohl aussehen würde, wenn ich eine Frau geworden wäre und zudem ohne jede psychische Blockade ganz aus meinem Herzen heraus leben würde.

Dieses Bild ist mir sehr lange Zeit wichtig gewesen und ich habe es immer wieder einmal betrachtet.

Beziehungen sind nicht immer einfach und so begann ich zunehmend, mir über die Dynamik von Beziehungen Gedanken zu machen. Eine frühe Einsicht war es, daß es in mir wohl so etwas wie ein Frauen-Suchbild geben muß, zu dem ich anscheinend die äußere Entsprechung finden wollte – wobei die Unterschiede zwischen meinem Suchbild und der konkreten Freundin dann die Schwierigkeiten in meinen Begegnungen mit Frauen hervorzurufen schienen.

Aus dieser Annahme ergab sich, daß ich in mir zumindest zwei grundlegende Bilder haben mußte: das für mich als Mann weibliche Suchbild und mein eigenes, männliches Selbstbild. Es lag nun nahe, das Frauenbild, daß ich gezeichnet hatte, als mein inneres Suchbild aufzufassen.

Mit 21 Jahren habe ich eine zweite Astralreise erlebt, die diesmal etwas bewußter war und nach der ich auch ahnte, was sie bedeutete, da ich inzwischen einige Menschen kennengelernt hatte, für die das Verlassen ihres Körpers etwas Normales war.

Diese zweite Astralreise geschah in der Nacht, nachdem ich das erste Mal mit einer Frau zusammen gewesen war. Es war im Grunde nicht viel geschehen, aber ich war gleichzeitig so erschöpft, daß ich einschlief, aber auch so aufgeregt, daß ich nicht schlafen konnte – also tat ich beides gleichzeitig: Ich schlief ein und blieb dabei aber bewußt, d.h. ich verließ meinen Körper bei Bewußtsein. Normalerweise wird man beim Verlassen des eigenen Körpers während des Schlafes oder einer Ohnmacht eben bewußtlos – man kann die Astralreise als einen „bewußten Schlaf" oder eine „bewußte Ohnmacht" ansehen, auch wenn beides ein wenig absurd klingen mag.

Ich erlebte mich in dieser Nacht unter der Zimmerdecke schwebend und habe mich mit meinem dabei etwas "dumpfen" Bewußtsein zunächst gefragt, warum das Zimmer auf einmal so flach geworden war, bis mir schließlich dämmerte, daß ich meinen Körper verlassen hatte.

Die nächste wichtige Entdeckung begann damit, daß mir bewußt wurde, daß ich in meinem Leben nicht immer so gehandelt hatte, wie es mir eigentlich sinnvoll erschienen war. Woran konnte das liegen? Es mußte in meiner Psyche Kräfte und Bilder geben, die stärker waren als meine bewußten Einsichten und Entschlüsse. ... und von diesen Kräften schien es eine ganze Menge zu geben: unter ihnen fanden sich Angst, aber auch Wut und Verzweiflung und einige andere eher unangenehme Gefühle wie Sucht, Scham und ähnliches.

Schließlich kam ich zu dem Schluß, daß sich alle diese Gefühle in mir auch zu einem Gesamtbild zusammengefügt hatten – das ich aus Alpträumen besser kannte, als mir lieb war. Als ich dann in Gesprächen mit Freunden von C.G Jung und seinem Schatten-Konzept hörte, habe ich dieses Bild dann den Schatten genannt.

Es dauerte danach eine ganze Weile, bis ich erkannte, daß der Schatten nicht eine Art Krankheit ist, die man „herausoperieren" muß, sondern daß er eine Vielzahl von Fähigkeiten enthält, die man selber aber fürchtet und deshalb abgelehnt und verdrängt hat. Ihre schreckliche und angsteinflößende Gestalt haben diese Fähigkeiten unter anderem auch dadurch erhalten, daß sie so lange eingesperrt worden sind – so wie ein Hund aggressiv und bissig wird, den man jahrelang in einen kleinen Käfig einsperrt hat.

Es stellte sich nun die Frage, in welchem Verhältnis diese drei inneren Bilder, also Selbstbild, Suchbild und Schatten, zueinander standen. Ich versuchte längere Zeit vergeblich mit den verschiedensten Ansätzen zu einer eleganten Beschreibung ihres Zusammenhanges zu finden, bis mir plötzlich deutlich wurde, daß mein männliches Selbstbild und mein weibliches Suchbild im Grunde genommen wie Spiegelbilder oder wie eineiige Zwillinge waren. Da mein Schatten zudem wie ein abgebrochenes Stück von meinem Selbstbild war, folgte daraus, daß es zwei Schatten geben mußte, die sich ebenfalls wie Spiegelbilder entsprachen: zum einen mein Selbstbild und sein Schatten und zum anderen mein Suchbild und dessen Schatten. Diese vier Bilder waren für mich sehr leicht in meinem Leben zu finden: mein etwas schüchterneres und introvertiertes Selbstbild und sein aggressiver Schatten sowie die "Fee" und die "Furie".

Das Problem in meinem Beziehungen war dann auch, daß sich die "Feen" nach einer Weile als "Furien" entpuppten. Diese Verwandlungen hatten natürlich auch sehr viel mit mir selber und meinem verdrängten Schatten zu tun – was ich allerdings nicht gleich bemerkte.

Zunächst einmal war ich mit dieser Beschreibung so zufrieden, daß mir nicht auffiel, daß das Frauenbild, daß ich mit achtzehn Jahren gezeichnet hatte, nicht der „Fee" entsprach, sondern wesentlich runder, heiler, vollständiger, kraftvoller und lebendiger war.

Mit 23 Jahren begann ich meine Vergangenheit zu durchforschen und stellte fest, daß meine frühesten Erinnerungen nur bis ca. drei Jahre zurückreichten – was ich als völlig unakzeptablen Zustand empfand. Schließlich mußte ich doch wissen, was ich in meinem Leben erlebt hatte, um wissen zu können, wer ich war. Also legte ich mich immer wieder hin, entspannte mich und ging in meinen Erinnerungen in meine Kindheit zurück. Nach und nach konnte ich mich an immer mehr Details erinnern, die weiter zurückreichten und sich oft auch eindeutig vor einem bestimmten Zeitpunkt einordnen ließen wie z.B. die Erinnerung an bestimmte Orte oder an das Gewickeltwerden oder das Gestilltwerden, da ich zu diesen wiedergefundenen Erinnerungen anschließend meine Mutter befragen konnte. Über diese Möglichkeit, meine Erinnerungen zu überprüfen, war ich sehr froh, denn ich wollte auf sicherem Boden bleiben.

Während dieser „Forschungsreisen in meine eigene Vergangenheit" traten einige Alpträume wieder auf, die ich aus meiner Kindheit gut kannte und bei denen es vor allem um enge Durchgänge ging. Nach einem besonders heftigen und detailreichen Traum wurde mir schlagartig klar, daß dieser Traum meine Erinnerung an meine Geburt war.

In diesen Träumen stand ich zu Beginn oft in einem Kellerraum und spürte, daß ich zu einem bestimmten Zeitpunkt hinausgehen mußte, aber nicht wußte, wie das möglich sein könnte. Die Kellertür führte in einen Gang, der im rechten Winkel zur Seite hin abbog. Sobald ich diesen Gang betrat, wurden die Wände organisch und begannen sich um mich zu schließen und mich zu zerquetschen. Bei jeder Bewegung von mir, mit der ich mich befreien wollte, wurden diese Quetschbewegungen der Wände heftiger, sodaß ich schließlich reglos liegen blieb, woraufhin auch der Druck der Wände nachließ. Aber nach einer Weile spürte ich, daß mir etwas den Hals zuschnürte und ich hinaus mußte, um nicht in dem Gang zu sterben. Nach einem ziemlich verzweifelten Kampf, in dem es keinerlei Hilfe von außen gab, gelang es mir schließlich, hinauszukommen und wieder atmen zu können.

Meine Mutter war ein wenig verwundert, als ich sie wenig später gefragt habe, ob ich mir bei meiner Geburt die Nabelschnur um meinen Hals gewickelt hatte und ob ihre Preßwehen während der Geburtsvorganges für längere Zeit ausgesetzt hätten. Sie konnte mir beides bestätigen.

Diese Erinnerung verdeutlichte mir sehr anschaulich, welch ein eindrücklicher Übergang das Geborenwerden ist. Das Erlebnis selber schien mir auch wie ein Urbild meines Lebensgefühles zu sein – ähnlich wie in den Mythen die Schöpfungsgeschichte zyklisch ständig wiederholt wird. Diese Enge, der Druck von außen, das Totstellen als Überlebensstrategie und das Gefühl, völlig auf mich selbst gestellt zu sein, waren mein Grundlebensgefühl. Aber wenn ich auch mein Leben immer wieder als eine riesige Anstrengung erlebte, fand ich in meinem Leben doch auch wie bei meiner Geburt immer aus eigener Kraft einen Weg selbst aus den schwierigsten Situationen heraus – auch in konkreten äußerlichen Situationen wie Überfällen auf nächtlichen Straßen oder nach einem Abrutschen in den Krater des Ätna, auf dessen Kraterrand ich alleine gestiegen war.

Die Auffassung des Geburtserlebnisses als des Urbildes des eigenen Lebens wurde durch meine intensive Beschäftigung mit der Astrologie bestätigt: Das Horoskop beschreibt sowohl den Geburtsaugenblick (Urbild), von dem es abgeleitet wird, als auch den eigenen Lebensstil.

Das nächste Erlebnis war eines der wichtigsten Puzzlesteinchen überhaupt. Ich hatte in einem Buch über den Orden "Golden Dawn" gelesen, daß es so etwas wie eine innere Quelle, ein Höheres Ich, eine Seele, eine innere Mitte geben sollte und daß es Meditationen gab, mit deren Hilfe man dieses Höhere Ich finden konnte. Ich beschloß sofort, diese Meditation solange durchzuführen, bis ich diese Mitte in mir gefunden hatte.

Zu dieser Zeit verbrachte ich fast jede freie Minute damit, die Möglichkeiten des Menschen zu erforschen und zu meditieren, Yoga und Telepathie zu üben, Traumreisen durchzuführen, mit meinem Atem zu experimentieren, meine Vorstellungskraft zu verbessern und vieles mehr.

Die vom "Golden Dawn" empfohlene Meditation bestand im Wesentlichen darin, sich vorzustellen, durch eine Wüste zu einer mittelalterlichen Stadt zu gehen und dann dort in der Mitte dieser Stadt in einem kreisrunden Sonnentempel mit oben offenem Kuppeldach "sich im Gebet an das eigene höhere Ich zu entflammen".

Nach zweieinhalb Jahren erschien in meiner Meditation auf dem Weg in diese Stadt mein Krafttier und einen Tag später in dem Tempel auch mein Höheres Ich. Dies war ein sehr grundlegendes Erlebnis: Ich sah meine eigene Quelle, aus der heraus ich entstanden war. Die Frage nach dem Lebenssinn endete mit dem Anblick meiner eigenen Mitte, denn nun sah ich den Künstler vor mir, der das Kunstwerk meiner derzeitigen Inkarnation erschaffen hatte – und worin könnte ein Kunstwerk seinen eigenen Sinn erkennen, wenn nicht in dem Künstler, der das Kunstwerk erschaffen hat?

Ich war danach längere Zeit einfach von meiner eigenen Mitte und von meinem Krafttier erfüllt und spürte ihre Qualität. Schließlich begann ich auch über sie nachzudenken und kam zu dem Schluß, daß mein Selbstbild, mein Suchbild und die jeweiligen Schatten dieser beiden Innenbilder wohl so eine Art Hülle um meine eigentliche Mitte bildeten und die Grundstruktur meiner Seele darstellten.

Nach und nach begann ich zumindest kleine Fortschritte bei der Heilung meiner Psyche zu machen. Dabei fiel mir auf, daß mein Schatten anscheinend ein ganz klein wenig kleiner und weniger bedrohlich geworden war und daß im gleichen Maße auch der Schatten meines Suchbildes schrumpfte – Selbstbild und Suchbild sowie auch ihre beiden Schatten waren schließlich symmetrisch.

Zugleich schien mir, als ob die Spannung zwischen dem Selbstbild und dem Suchbild nachlassen würde. Von dieser Beobachtung bis zu der Vermutung, daß sich dann, wenn sich meine beiden Schatten aufgelöst hatten, sich mein Selbstbild mit meinen Suchbild vereinen und beide identisch werden würden, war es nur noch ein kleiner Schritt.

Das, was ich dann nach der inneren Vereinigung von meinem Selbstbild mit meinem Suchbild zu sehen bekommen würde, mußte meine Seele, meine Mitte, mein Höheres Ich sein, das ich aus der Meditation kannte.

So entstand eine erste Ahnung der grundlegenden inneren Struktur, die durch das Beziehungsmandala dargestellt wird: 1. im Zentrum die Mitte, 2. darum herum die Erinnerung an die Geburt, 3. dann als innerste Schicht der Psyche das Selbstbild und das Suchbild, 4. die Entstehung der beiden Schatten, die zur Bildung der äußeren Schicht der Psyche führt.

Die Frau, die ich mit achtzehn Jahren gezeichnet hatte, war anscheinend mein heiles inneres Frauen-Suchbild.

Mit 28 Jahren war ich einige Zeit mit einer Frau zusammen, die Psychologie studierte, wodurch ich auch selber mehr Bücher als vorher über die Struktur und Dynamik der Psyche zu lesen begann. Besonders spannend fand ich die Bücher von Jürg Willi, der die Dynamik in Beziehungen anschaulich beschrieben.

Jürg Willis Grundgedanke ist das Prinzip der Polarisierung: Zwei Menschen gehen eine Beziehung ein, weil sie dieselbe Grundverletzung und daher eine sehr ähnliche Charakterstruktur haben und einander somit auf einer sehr tiefen, aber in der Regel nicht bewußten Ebene verstehen. Der eine der beiden ist jedoch progressiv orientiert, während der andere eher zu regressiven Verhaltensweisen neigt. Entsprechend der drei Grundqualitäten, die Freud beschrieb, können drei grundlegende Arten von Paarbeziehungen entstehen, die davon abhängen, in welcher Entwicklungsphase die Grundverletzung entstanden ist. Natürlich gibt es nur selten wirklich diese Reinformen, aber sie sind für das Verständnis von Beziehungsdynamiken sehr hilfreich.

1. Orale Phase: Die Qualität der Geborgenheit ist verletzt worden. Zwei Personen bilden ein Paar, von denen der eine progressiv zum Asketen/ Helfer wird und der andere regressiv zum Süchtigen/Hilfsbedürftigen.

2. Anale Phase: Die Qualität der Kraft und Klarheit ist verletzt worden.

Zwei Personen bilden ein Paar, von denen der eine progressiv zum Täter/Sadisten wird und der andere regressiv zum Opfer/Masochisten.

3. Phallische Phase: Die Qualität der Selbstliebe ist verletzt worden. Zwei Personen bilden ein Paar, von denen der eine progressiv zum „Salonlöwen" (Größenwahn) wird und der andere regressiv zur "grauen Maus" (Minderwertigkeitskomplex).

Es schien mir naheliegend, diese interessante Struktur auch auf die innere Polarität von Selbstbild und Schatten bzw. Suchbild und Schatten anzuwenden: Wenn das Selbstbild/Suchbild eine progressive Bewältigungsstrategie gewählt hatte, mußte der Schatten regressiv orientiert sein – und umgekehrt.

Nun konnte ich schauen, auf welcher Ebene meine grundlegende Verletzung lag und ob ich eine progressive oder eine regressive Überlebensstrategie gewählt hatte. So entdeckte ich, daß ich mich vor allem als "weinendes, verlassenes Kind" erlebte, was gut zu meiner Biographie paßte.

Wie auch Jürg Willi schreibt, finden sich meistens alle drei Ebenen, aber eine von ihnen bildet den Schwerpunkt. Mein Selbstbild war, da sich bei einer gestörten oralen Phase auch die anale und phallische Phase nicht richtig entwickeln können, ein "hilfloser Süchtiger (oral) mit der Vorstellung, Opfer zu sein (anal), und einer Neigung, sich selber als wertlos anzusehen (phallisch)". Dabei lag der Schwerpunkt auf der Hilflosigkeit, die aus der oralen Phase stammte.

Entsprechend war mein Schatten ein "hilfsbereiter Asket (oral) mit der Neigung, Täter zu werden (anal), und einem deutlichen Hang zur völligen Selbstüberschätzung (phallisch)". Es war nicht schwer, auch in meinen Beziehungen und Freundschaften zu Frauen genau diese beiden Typen wiederzufinden.

Aus diesen Beobachtungen und Erkenntnissen ergab sich, daß die Vorstellung von dem inneren Suchbild ganz passend sein mußte, da ich aufgrund meines inneren Suchbildes und seines Schattens eben genau Frauen auswählte, die diesen beiden inneren Bildern entsprachen. Diese Frauen trugen in sich offenbar dieselben Bilder wie ich, aber hatten eine andere Bewältigungsstrategie gewählt, die meiner eigenen genau entgegengesetzt war. Diese Frauen waren daher im allgemeinen (im Gegensatz zu mir) sehr forsch, fordernd, kämpferisch und bestimmend.

Aus dieser Struktur ergibt sich, daß in solchen Beziehungen beide dem Schatten des Suchbildes des anderen entsprechen – die „Opfer-Frau" sucht sich z.B. für ihre Beziehung einen „Täter-Mann" … und der „Täter-Mann" eine „Opfer-Frau". Dadurch wird das System zunächst einmal für beide rund, aber nach einer Weile brechen dann die Gefühle, die mit der ursprünglichen Verletzung verbunden sind, hervor – und beide erleben den anderen als den, der die alte Verletzung aufs Neue wiederholt ...

Die Dynamik, die in den vier "äußeren Bildern" meiner Psyche lag, also in Selbstbild, Suchbild und den beiden Schatten, wurde mir eines Tages deutlich, als ich alleine in meinem Zimmer saß und mir meine Lebenssituation betrachtete: Entweder war ich in meinem Leben alleine und sehnte mich nach einer Beziehung oder ich war in einer Beziehung und sehnte mich danach, wieder ich selber sein zu können. Das erschien mir wie ein Kampf gegen mich selber und ich betrachtete meine beiden Hände vor mir auf den Knien, die ich vor Verzweiflung zu Fäusten geballt hatte.

Es schien mir so, als ob meine rechte Faust die Freiheit wollte und meine linke Faust die Beziehung – und beide deshalb gegeneinander boxten. Dabei wollte die linke immer mehr Beziehung haben, weil die rechte ihr in ihrem Streben nach Freiheit immer weniger Kontakte ließ – und die rechte wollte immer mehr Freiheit, weil die linke ihr in ihren Streben nach Beziehungen und ihrer Anpassung an den Partner immer weniger Raum zum aufrichtigen Selbstausdruck ließ.

Da saß ich nun und betrachtete meine beiden zumindest innerlich miteinander kämpfenden Fäuste. Als ich diese Polarisierung so betrachtete, wurde mir deutlich, daß weitere Anspannung mich nur in eine noch größere innere Zerrissenheit treiben würde – also begann ich mich zu entspannen und ein wenig zurückzulehnen.

Schließlich konnte ich sehen und spüren, daß beide Fäuste an meinen Armen saßen und beide Arme an meinem Körper, und daß beide Pole in meiner Psyche Teile von mir waren. Beide wollten leben und nicht einsam sein – darin waren sie sich einig, sie verteidigten nur verzweifelt gegensätzliche Aspekte dieses Wunsches: Der eine die Nähe und der andere die Selbsttreue. Da wurde mir deutlich, daß beide Impulse letztlich aus meinem Herzen kamen: der Wunsch, so wie ich bin, in Beziehung zu anderen Menschen zu leben. Als ich dieses Bild gefunden hatte, entspannten sich auch meine Arme und meine Fäuste öffneten sich wieder zu Händen, die etwas empfangen konnten.

Fast ganz ohne mein Zutun verschob sich dabei meine Aufmerksamkeit von meinen Fäusten über meine Arme in mein Herz, wo ich nicht mehr polarisiert, sondern wieder eins war.

Dieses Erlebnis gab mir die Hoffnung, daß es eine Möglichkeit geben mußte, die eigene innere Polarisation aufzulösen zu können. Schließlich wurde mir auch bewußt, daß sich diese Polarisierungen in meinem gesamten Charakter und nicht nur in Teilfragen fanden und daß die grundlegende Polarisierung eben die in Ideal und Schatten ist: Das Ideal ist mein Selbstbild und der Schatten ist der Teil von mir, den ich fürchte und deshalb ablehne.

In der Zeit, in der ich die Dynamik dieser Polarisierungen zu verstehen begann, beschäftigte ich mich intensiv mit Meditation, Religion, Magie, Astrologie, Psychologie und allem, worin ich vielleicht etwas finden konnte, durch das ich das Wesen der Menschen vielleicht etwas besser verstehen konnte.

In der Alchemie fand ich in den Anleitungen für die Herstellung des Steins der Weisen ein Bild für den Heilungsprozeß von Polarisierungen. In diesem Prozeß werden zwei gegensätzliche Substanzen, die ursprünglich einmal eine harmonische Einheit gebildet haben („Paradies"), in ein Glasei gefüllt und dort auf einem Ofen ("Athanor") in einem Sandbad erwärmt. Diese beiden Gegensätze, die Sulphur („Schwefel") und Mercurius („Quecksilber") genannt wurden, begannen sich den Beschreibungen zufolge in dem Glasei, in dem sie gemeinsam erwärmt wurden, gegenseitig zu bekämpfen und zu zerstören. Dadurch entstand schließlich eine schwarze, kompostartige Masse: der "Rabenkopf" ("caput corvi"). Er entspricht dem Verpuppungsstadium einer Raupe, die in der Puppe vollkommen flüssig wird, bevor sie sich in einen Schmetterling verwandelt. Aus diesem „Rabenkopf" entsteht dann nach und nach der "Rote Löwe", also der Stein der Weisen.

Das Glasei schien mir ein Symbol der Rückkehr zum Ursprung zu sein und das Erwärmen der beiden polarisierten Substanz in ihm eher ein biologisches Ausbrüten als ein chemisches Kochen oder ein physikalischen Schweißen – was auch besser zu einem Vorgang in einem lebendigen Wesen wie dem Menschen paßte. Das Feuer in dem Ofen unter der Kiste mit dem Sand, in dem das Glasei stand, war demnach eine Entsprechung zu der Kundalini im Yoga.

Die Erhöhung des Niveaus an Lebenskraft als Heilungsansatz fand ich auch in anderen Methoden wie dem Rebirthing-Atem, dem Feuerlauf oder dem Kundalini-Yoga wieder. Durch diese Methoden wird zunächst das vorher Verborgene bewußt, da alle Inhalte der Psyche „mit Lebenskraft aufgeladen werden", sodaß sie als Bilder oder heftige Gefühle aufsteigen. Die alchemistische Symbolik hatte gegenüber diesen Methoden den Vorteil, daß man den Prozeß zunächst einmal von außen als Betrachter erleben konnte und daß es für diesen Vorgang einen geschützten Raum gab: das gläserne Ei.

Bei meinen bisherigen Erlebnissen mit Rebirthing-Kursen und bei meinen Kundalini-Erfahrungen hatte dieser geschützte Rahmen bisher weitestgehend gefehlt. Bei den Feuerläufen hatte es zumindest Raum für die eigenen Erlebnisse gegeben und man blieb auch nicht allein mit ihnen.

Die Gebete, von denen der alchemistische Prozeß begleitet wurde, waren offenbar eine Anrufung des ursprünglichen, heilen Zustandes. Feuer und Gebet entsprachen zusammen auch dem von unten aufsteigenden roten Feuer und dem von oben herabfließenden weißen Licht, denen ich im indischen Yoga und den tibetischen Meditationen immer wieder begegnet war und die meistens Tummo und Bindhu genannt wurden.

Da ich damals schon einige Erfahrung mit Ritualen besaß, entwarf ich daher ein Ritual auf der Grundlage der alchemistischen Symbolik, das ich dann auch sofort erprobte. Es heilte zwar nicht sofort meine inneren Gegensätze, aber es beruhigte sie sehr deutlich und ich konnte erleben, wie sich der ursprüngliche heile Zustand anfühlte, was mir wiederum mehr Hoffnung und auch Orientierung gab.

Das nächste Puzzlesteinchen, das ich fand, bezog sich auf die Frage, wie aus der eigenen Mitte die beiden frühesten inneren Bilder, also das Selbstbild und das Suchbild, entstehen.

In meinen Meditationen habe ich immer wieder erlebt, daß das Wesen meiner Seele, meiner Mitte, meines Höheren Ichs die Selbstliebe ist: eine Liebe, die einfach da ist und nichts braucht. Die Seele selber schien meinen Meditationserlebnissen zufolge zudem in einem Bereich zu "schwimmen", dessen Wesen die Liebe ist. Die ganze „Ebene" der Seelen scheint Liebe zu sein.

Die wesentliche Dynamik zwischen dem Selbstbild und dem Suchbild ist ebenfalls die Liebe: Das männliche Selbstbild sucht im Außen eine Entsprechung zu dem inneren weiblichen Suchbild, um diese Frau dann lieben zu können (bei Frauen sind die Geschlechter umgekehrt). Der Verdacht lag nahe, daß diese Liebe im Außen mit der Selbstliebe der Seele zusammenhängt.

Die Bestätigung dieser Vermutung kam wieder einmal aus einer unerwarteten Richtung.

Sowohl in meinen eigenen Meditationen und Traumreisen, in denen ich nach und nach auch in die Zeit vor meiner Geburt zurückgelangen konnte, als auch in den Berichten von Kindern, die sich noch an die Zeit vor ihrer Geburt und vor ihrer Zeugung erinnern konnten, tauchte immer wieder ein Lichtwirbel auf, der bei der Vereinigung der Eltern miteinander entstand und dann den Embryo einhüllte. Dieser Wirbel mußte der Lebenskraftkörper sein, in dem man dann später bei der Astralreise den eigenen Körper verlassen konnte.

Diese Lebenskraft wird in den verschiedenen Traditionen oft als zweipolar dargestellt: plus und minus, männlich und weiblich, Yin und Yang. Die Beschreibung dieses Lebenskraftwirbels legte die Vermutung nahe, daß die inkarnierende Seele diese Lebenskraft prägte, d.h. sich in ihr spiegelte – schließlich ist sie neben der DNS in der befruchteten Eizelle der wichtigste Einfluß auf diesen Lebenskraftwirbel.

Wenn nun die Lebenskraft zweipolar ist, dann müssen auch zwei Spiegelbilder der sich inkarnierenden Seele entstehen: ein männliches und ein weibliches Spiegelbild – das Selbstbild und das Suchbild.

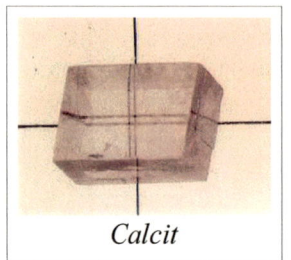

Calcit

Dieser Vorgang erinnert an die Lichtbrechung an Calcit-kristallen: Wenn man durch einen klaren Calcitkristall auf eine Linie unter diesem Kristall blickt, sieht man nicht eine, sondern zwei Linien.

Nach einer Weile der Betrachtung dieses doppelten Spiegelungsvorganges der Seele in der Lebenskraft erschien mir diese Dynamik äußerst elegant und effektiv zu sein: Die Seele, die ihre Selbstliebe kennt, aber sich ihrer nur statisch bewußt ist, kann durch ihre doppelte Spiegelung in der Lebenskraft ihre Selbstliebe in der Liebe zwischen diesen beiden Spiegelbildern dynamisch erleben. Dieses Erleben wird noch deutlich verstärkt, wenn man das Selbstbild mit dem eigenen Körper und das Suchbild mit einem anderen Menschen identifiziert hat.

Eine paar Jahre später lernte ich die systemischen Familienaufstellungen kennen. Bei diesen treten mehrere Personen an die Stelle von Verstorbenen oder anderen nicht anwesenden Personen und verhalten sich auf einmal wie diese Personen – ohne irgendetwas über sie zu wissen.

Diese Methode ließ sich auch auf das Beziehungsmandala anwenden und vereinfachte deutlich das doch eher komplexe Ritual, das ich entworfen hatte, sodaß ich nun die Möglichkeit hatte, das Beziehungsmandala auch bei Personen zu benutzen, denen das Ritual zu kompliziert war oder die aufgrund der alchemistischen Symbolik gegenüber der ganzen Methode skeptisch wurden.

Diese neue Methode bestand einfach darin, daß die betreffende Person ihre Mitte, ihre beiden primären Seelenspiegelbilder (Selbstbild und Suchbild) sowie die vier polarisierten Zerrbilder (Ideal und Schatten) von sich in das Mandala hineinrief und sich dann an die entsprechenden Orte in dem Mandala stellte und dort der Qualität dieser Bilder nachspürte.

Aus den Erlebnissen mit den Familienaufstellungen ergab sich auch noch ein anderer wichtiger Aspekt des Beziehungsmandalas.

Jeder Mensch lebt im Extremfall nur ein Viertel seiner Psyche: das Ideal-Zerrbild seines Selbstbildes. Der Schatten seines Selbstbildes, das Ideal-Zerrbild seines Suchbildes sowie der Schatten seines Suchbildes befinden sich hingegen ungelebt in seinem Inneren. Die Dynamik, die ich bei den Familienaufstellungen beobachten konnte, ließ mich vermuten, daß jeder Mensch seine nicht gelebten drei Bilder auf andere Menschen projizierte, um sie zumindest im Außen erleben zu können.

Bei den Familienaufstellungen wählen die Teilnehmer freiwillig ein Familienmitglied der Person aus, für die die Aufstellung durchgeführt wird, und repräsentieren dann während der Aufstellung dieses Familienmitglied: Sie schlüpfen sozusagen in das Bild dieses Familienmitgliedes, wodurch sie sich erstaunlicherweise genau wie die von ihnen dargestellte Person verhalten.

Bei der Projektion der inneren Bilder eines Menschen auf andere Personen suchen sich hingegen diese inneren Bilder sozusagen eigenständig im Außen Personen, zu deren Charakter sie passen und ziehen diese Personen dadurch in das Leben des Betreffenden hinein.

Durch diese Dynamik entsteht ein "Drama zu viert", in dem z.B. ein "männliches Opfer" drei andere Menschen in sein Leben hineinzieht: einen "männlichen Täter", ein "weibliches Opfer" sowie eine "Täterin".

Diese drei Personen sind aber nicht nur Opfer dieser Projektion, sondern tragen ihrerseits die entsprechenden Bilder in sich, d.h. daß derjenige, der für einen anderen Menschen den männlichen Täter "spielt", in sich selber das Selbstbild des Täters hat und daher im Außen ein männliches Opfer "braucht". Die Projektion ist also gegenseitig – und daher für die Beteiligten eine oft schrecklich stabile Verbindung.

Mein Freund, mit dem ich sehr oft meditiert und Traumreisen durchgeführt habe, und ich entdeckten auf einer Traumreise zur eigenen Mitte ein sehr spannendes Phänomen: Bei der Geburt projiziert das Neugeborene seine eigene Seele auf die eigene Mutter. Dieser sehr deutlich erlebbare Vorgang blieb mir eine ganze Weile lang ziemlich unverständlich.

Als ich die Erklärung fand, erschien sie wieder einmal so naheliegend, daß ich mich wunderte, warum ich so lange gebraucht hatte, um sie zu entdecken. Um diesen Zusammenhang erklären zu können, muß ich zunächst einige Zusammenhänge darstellen.

Mithilfe von EEGs läßt sich die Frequenz der elektrischen Ströme im menschlichen Körper feststellen. Dabei zeigt sich, daß die verschiedenen Bewußtseinszustände bestimmte Frequenzen haben: der Tiefschlaf 2-4Hz, der Traumzustand 4-8Hz, das Wachbewußtsein 8-16Hz und der Ekstasezustand (Orgasmus, Angst u.ä.) 16-32Hz. Die Frequenz verdoppelt sich in dieser Folge der Bewußtseinszustände vom Tiefschlaf hin zur Ekstase bei jedem Übergang.

In genau dieser Folge treten diese EEG-Frequenzen auch bei dem im Bauch seiner Mutter heranwachsenden Kind auf: Im 1-3 Monat befindet sich der Embryo im Tiefschlaf, ab dem 4. Monat kommt das Traumbewußtsein hinzu und erst im 9. Monat auch das Wachbewußtsein. Der Erregungszustand erscheint dann spätestens bei der Geburt.

Diese Auflistung wird dadurch interessant, daß Personen, die sich in tiefer Meditation, also in ihrer Mitte befinden, in ihrem EEG ebenfalls die Tiefschlaffrequenz aufweisen. Daraus kann man folgern, daß sich der Embryo in den ersten drei Monaten nicht nur ganz im Tiefschlaf befindet, sondern auch ganz von seiner eigenen Seele erfüllt ist. Dies paßt zu den bisherigen Betrachtungen und Überlegungen über die Vorgänge bei der Zeugung und kurz danach, die diesen Überlegungen zufolge weitestgehend durch die Seele geprägt sein sollten.

Der Embryo und das heranwachsende Kind im Mutterleib ist demnach zunächst einmal ganz von seiner Seele erfüllt und identifiziert den Zustand im Bauch seiner Mutter folglich auch mit seiner Seele, da es eben nur diese Kombination kennt: von der Seele erfüllt im Bauch seiner Mutter heranwachsen. Wenn es dann geboren wird, erlebt es einerseits einen heftigen Übergang und andererseits ist es anschließend buchstäblich in einer anderen Welt, in der unvergleichlich viel mehr Eindrücke von außen kommen.

Das Neugeborene gerät bei seiner Geburt also von einer inneren Welt der Seele in eine äußere Welt der vielen Dinge und Körper. Es gibt für das Neugeborene dadurch zwei verschiedene Welten: zum einen der Bauch der Mutter, wo es nicht zu atmen brauchte, schwerelos war, ernährt wurde, wo es immer warm und dämmrig-dunkel war, wo es stets der Herzschlag der Mutter gehört hat, wo es relativ wenig Sinneseindrücke gab und die innere Wahrnehmung der eigenen Seele im Mittelpunkt stand; und zum anderen die äußere Welt mit ihren vielen Sinneseindrücken, der Notwendigkeit zu atmen und zu essen, die Luft, die verschiedenen Temperaturen, das eigene Gewicht, die Abwesenheit des Herzschlags der Mutter … Für das Neugeborene gibt es ein Vorher und ein Nachher; ein Paradies und die Welt.

Dieser große Gegensatz läßt die Vorstellung entstehen, daß die Seele mit dem Bauch der eigenen Mutter verbunden und folglich "in der Mutter" ist, da man sie ja „vorher" immer wahrgenommen hat und jetzt im „nachher" viel stärker die Außenwelt erlebt. So entsteht "der erste Große Irrtum im Leben eines Menschen" – man verwechselt die eigene Mutter mit der eigenen Seele und blickt bei der Suche nach der eigenen Mitte stets auf die eigene Mutter …

In diesem „Irrtum" liegt wohl auch die Vorstellung von einem Paradies (mit-)begründet, in dem man noch heil und rein und mit sich selber und der Welt in Frieden lebte und mit allem, was man brauchte, ohne Arbeit versorgt wurde. Im Paradies erlebte man noch seine eigene Mitte und lebte aus ihr heraus.

Dieses Phänomen des „ersten Großen Irrtums" erklärt, wie es überhaupt zu der Suche nach der eigenen Mitte kommen kann und warum sich nicht so gut wie jeder ständig seiner eigenen Mitte bewußt ist – was doch eigentlich der zu erwartende Normalzustand sein sollte, denn schließlich ist einem nichts so nah wie die eigene Mitte …

Durch das Wiederfinden der eigenen Seele kann jedoch das Paradies, der „Himmel auf Erden" wiederhergestellt werden – weshalb die Anleitungen, Meditationen und Rituale, die der Wiederherstellung des Kontaktes mit der eigenen Seele dienen wie z.B. die Herzmeditationen oder die Visionssuchen, in den meisten Religionen eine zentrale Stellung haben.

Durch diese Projektion treten das eigene Selbstbild und das eigene Suchbild an die Stelle des Kontaktes mit der eigenen Mitte. Dadurch ist man zwar nicht mehr ganz vollständig, aber doch immerhin noch in Kontakt mit dem Spiegelbild der eigenen Mitte (Selbstbild) – auch wenn man damit beginnt, das zweite Spiegelbild der eigenen Seele (Suchbild) auf andere Menschen zu übertragen.

Bis zu einem Alter von ca. 5 Jahren scheint der Kontakt zu der eigenen Mitte noch nicht ganz abgebrochen zu sein, da die Erinnerungen an frühere Leben fast alle aus diesem Alter stammen und Kinder in diesem Alter auch noch sehr zugänglich für Telepathie sind.

Schließlich erlebt man die ersten Krisen in seinem Leben, durch die sowohl das Selbstbild als auch das Suchbild in ein Ideal und in einen Schatten polarisiert werden, wodurch dann die vier verzerrten Innenbilder entstehen. Dadurch wird die eigene Seele dann in der Regel ganz unbewußt und auch das Selbstbild wird verschwommener.

Wenn dann in der Pubertät die Sexualität erwacht, verbindet sie sich mit dem idealisierten Suchbild und auch mit dem Schatten-Suchbild, wodurch beide noch einmal eine größere Intensität erhalten und man weitestgehend außenorientiert wird statt in seiner eigenen Mitte zu ruhen und aus ihr heraus zu leben.

Erst zu dieser Zeit entdeckte ich in den Schriften von C.G. Jung, daß auch er ein Mandala der Psyche entworfen hat.

Sein "Ich" entspricht zumindest teilweise der Seele in dem von mir entwickelten Mandala, wobei das "Ich" von C.G. Jung aber eher als ein Teil der Psyche aufgefaßt wurde und die Seele in dem Beziehungsmandala das ist, was sich in einem Menschen inkarniert hat. Der Gegensatz von Ideal und Schatten entspricht bei Jung der Persona und dem Schatten. Anima und Animus stimmen in etwa mit dem Selbstbild und dem Suchbild überein, wobei Jung meines Wissens nicht von der Vorstellung von zwei verschiedenen Schatten ausgeht.

Der größte Unterschied zwischen beiden Mandalas besteht in der Vierteilung, die bei Jung den vier klassischen Elementen (Feuer, Wasser, Luft, Erde) entspricht, also eine Vierheit ist, die als Summe etwas Rundes, Ganzes ergibt und in der u.a. durch verschiedene Betonung in dem individuellen Charakter die Verzerrungen entstehen. Eins dieser Element ist bei C.G. Jung die Grundlage der Persona und das ihm entgegengesetzte Element die Grundlage des Schattens, während die beiden übrigen Elemente weitgehend neutrale und nicht so stark ausgebildete Hilfsfunktionen für die Persona sind. Die Viererstruktur in dem von mir entwickelten Mandala ergibt

19

sich hingegen aus der Polarisierung sowohl des Selbstbildes als auch des Suchbildes in ein progressives und ein regressives inneres Bild.

Durch die Suche nach den vier Bildern, aus denen das Drama der Personen bestand, die mich um Rat fragten, ergab sich nach und nach ein besseres Verständnis der Dynamiken dieser vier Bilder.

Diese Dynamik scheint bei der Projektion der eigenen Seele auf die eigene Mutter zu beginnen. Dann wird ab ca. der analen Phase das männliche Innenbild auf den Vater und das weibliche Innenbild auf die Mutter übertragen, wodurch beide zu Rollenvorbildern werden. Danach entstehen dann Übertragungen auf Geschwister und Freunde.

Der Vorgang, bei dem irgendwann durch heftige Erlebnisse die Aufspaltung der beiden heilen Innenbilder in die vier verzerrten Innenbilder entsteht, ist recht komplex. Dabei werden diese vier Innenbilder durch weitere Erlebnisse mit neuen Projektionen auf neue Freunde und Beziehungspartner immer konturierter, detailreicher und fester.

Es läßt sich, wenn man genügend Zeit aufwendet, ein Stammbaum der Projektionen eines Menschen aufstellen. Dabei ist interessant, daß nach Beendigung einer Projektion stets sehr schnell eine neue Person gefunden wird, die die freigewordene Rolle übernimmt – the game must go on …

Die in dem Drama auftretenden Rollen sind in der Regel recht einfach:

1. Die Person selber.
2. *gleiches Geschlecht / gleiche Dynamik:* Die gleichgeschlechtlichen Freunde haben meistens dieselbe Dynamik wie die betrachtete Person.
3. *gleiches Geschlecht / andere Dynamik:* Die Person, die dasselbe Geschlecht hat und die der betreffenden Person das Leben schwer macht, hat die entgegengesetzte Dynamik wie diese Person, sie ist z.B. für den Süchtigen ein Asket (z.B. der Drogenberater, der den Süchtigen ständig unter Druck setzt ...).
4. *anderes Geschlecht / gleiche Dynamik:* Die andersgeschlechtliche Person, die aber dieselbe Dynamik hat, also z.B. für einen Süchtigen eine Süchtige, sind häufig (andersgeschlechtliche) Freunde.
5. *anderes Geschlecht / andere Dynamik:* Der Beziehungspartner, der sowohl das andere Geschlecht als auch in aller Regel auch die entgegengesetzte Dynamik hat – d.h., daß sich z.B. ein Süchtiger eine Asketin sucht. Bei homosexuellen Paaren liegen die Projektionen etwas komplizierter.

Die typischen Teilnehmer an dem "Drama zu viert" sind somit:
- der *Ratsuchende*,
- sein *Beziehungspartner*,
- der *"Feind"* und
- der *anderesgeschlechtliche Freund*.
- Dazu kommt oft noch ein *gleichgeschlechtlicher Freund*, der in derselben Rolle wie der Ratsuchende steht.

In Meditationen und im Beziehungsmandala-Ritual trat sowohl bei mir selber als auch bei anderen des öfteren eine spontane Vereinigung der beiden inneren Spiegelbilder miteinander auf. Dazu fand ich eine Analogie im Yoga:

In der Mitte des Körpers gibt es einen „Strahl" aus Lebenskraft, der vom Herzchakra nach oben (weiß) und nach unten (rot) heraustritt und die sieben Hauptchakren miteinander verbindet. Neben diesem Strahl gibt es noch zwei weitere „Nebenstrahlen", die Ida und Pingala genannt werden und manchmal auch Namen tragen, die sie als „Mann" („Daka") und „Frau" („Dakini") kennzeichnen.

Das Ziel vieler Yogaübungen ist es zunächst, die Lebenskraft wieder in den beiden „Nebenstrahlen" oder „Kanälen", wie sie auch oft genannt werden, zu sammeln. Der zweite Schritt besteht dann darin, den inneren „Frauen-Strahl" mit dem inneren „Männer-Strahl" zu vereinen, sodaß sich die gesamte Lebenskraft wieder in dem zentralen Strahl sammelt, in dem man dann die Erinnerung an sich selber, d.h. seine eigene Seele findet.

Dieser Strahl („Sushumna") hat seinen Ursprung im Herzchakra, das traditionell der Ort ist, in dem die eigene Seele wohnt. Dieser Sushumna genannte Strahl beschreibt letztlich den Selbstausdruck der Seele, die sich inkarniert hat.

Das Sammeln der Lebenskraft in den „Nebenstrahlen" Ida und Pingala entspricht der Auflösung der vier polarisierten Zerrbilder (weibliches/männliches Ideal und weiblicher/männlicher Schatten), durch die das ursprüngliche unverzerrte, heile innere Männerbild und Frauenbild wieder sichtbar werden.

Das Vereinen von Ida und Pingala zu der zentralen Sushumna entspricht der Vereinigung des inneren Mannes mit der inneren Frau, durch die dann das Bild der Seele sichtbar wird, daß sich nach der Zeugung in der Lebenskraft als Mann und Frau gespiegelt hat und dadurch als Struktur im Lebenskraftkörper Ida und Pingala entstehen ließ.

Bei einer Lungenentzündung, bei der ich mehrere Tage lang recht nah an der Schwelle des Todes gestanden habe, habe ich sehr intensiv den Bereich meiner Seele erleben können. Ich konnte die Erlebnisse, die ich dabei hatte, dadurch als richtig bestätigen, daß ich z.B. die Muster, die ich in diesem Zustand gesehen habe (schwarzer Untergrund mit drei Sorten farbiger geometrischer Muster), meiner Mutter beschrieb und sie sie sofort als das Muster auf den Übergardinen an dem Fenster neben meiner Wiege wiedererkannte.

Ein im Zusammenhang mit diesem Nahtod-Erlebnis interessanter Aspekt war das Wieder-Erleben meines ersten Atemzuges, den ich in meinen früheren Meditationen nie genauer betrachtet hatte. Der Kontrast zu "vor dem Atmen" und "nach dem ersten Atemzug" war so groß und zumindest für mich so unangenehm, daß ich als Neugeborener bei jedem Atemzug nur den Wunsch spürte, wieder in die Geborgenheit zurückzukehren, die ich verloren hatte. Jeder meiner Atemzüge war seitdem in seinem Innersten von dem Wunsch erfüllt, die Welt wieder zu verlassen und in die Geborgenheit zurückzukehren.

Diesen Wunsch konnte ich erst einige Jahre nach dem Auftauchen dieser Erinnerung auflösen, als ich mir selber in einer Meditation meine auf meine Mutter projizierte Seele zurückgeholt habe und mich seitdem sehr viel runder und vor allem gefüllter fühle – mein Herzchakra fühlt sich seitdem sehr viel entspannter und eben erfüllter an.

… es ist des öfteren so, daß man ein Heilmittel, das man selber gefunden und auch schon für andere verwendet hat, erst spät für sich selber benutzt ...

Diese "Rückholung meiner Seele", wie dies im Schamanismus genannt wird, hatte auch zur Folge, daß mir andere Erlebnismöglichkeiten zusammen mit anderen Menschen möglich wurden und sich alte Muster und Grenzen aufzulösen begannen. Interessant war dabei auch das Erstaunen und die leichte Ungläubigkeit tief in meinem Inneren, wenn ich erlebte, daß sich ein Muster, das schon immer da gewesen war und aus Fels gemeißelt zu sein schien, auf einmal ganz sanft verwandelte ...

Die Auflösung von Aspekten der eigenen beiden Schatten ist eins der eindrücklichsten Erlebnisse und führt zu ganz anderen Begegnungen mit den Menschen.

Diese „Rückholung der eigenen Seele von der eigenen Mutter" klingt sehr unspektakulär, aber es war ein grundlegendes Erlebnis, das mir neue Möglichkeiten eröffnete.

Die Wichtigkeit dieses Erlebnisses zeigt sich auch daran, daß im Schamanismus, der in allen Kulturen die archaischste Religionsstufe bildet, die zentrale Heilungsmethode die (Traum-)Reise des Schamanen zur Großen Mutter ist, von der er die „verlorene" Seele bzw. die „verlorenen" Seelenteile des Kranken zurückholt, die die Große Mutter für den Kranken verwahrt hat. Diese verlorenen Seelenteile wurden als die Ursache der Krankheit angesehen. Später waren es dann die Ahnen, die diese Seelenteile verwahrten, und noch später dann böswillige Ahnen bzw. Dämonen, die diese Seelenteile geraubt hatten.

2. Aufbau des Beziehungsmandalas

Der Aufbau des Mandalas ist recht einfach. Sein Zentrum ist wie bei allen Mandalas der Ursprung – in diesem Fall also die Seele, die sich in der betreffenden Person inkarniert hat und die von dieser Person dann als ihre Mitte, ihre innere Quelle, ihr Höheres Ich, ihr Schutzengel usw. erlebt werden kann. Dieses Zentrum wird durch die Kreisfläche in der Mitte des Mandalas dargestellt (gelb).

Die Farben in diesem Mandala sind keine traditionellen Zuordnungen wie bei den meisten anderen Mandalas, sondern dienen vor allem der Verdeutlichung der Qualitäten der einzelnen Bestandteile des Mandalas.

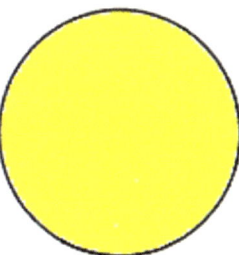

Die Entwicklung des Mandalas beginnt mit der Zeugung, die daher durch einen Kreisring symbolisiert wird, der die Kreisfläche der Seele im Zentrum umgibt (dunkelviolett).

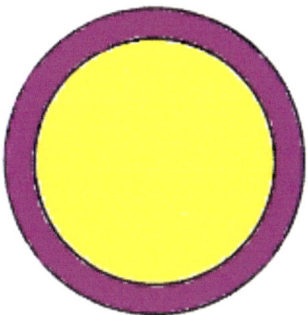

Der breite Kreisring, der die Seele im Zentrum und den schmalen Zeugungs-Kreisring umgibt, ist die innerste Schicht der Psyche. Er ist auch der Lebenskraft-körper, der sich aus dem Wirbel der Lebenskraft der Eltern bei der Zeugung gebildet hat. Die Lebenskraft, aus der dieser Wirbel besteht, stammt von den Eltern und wird beim Orgasmus freigesetzt, bei dem man auch diesen Wirbel erleben kann, wenn man genau nachspürt, was dabei geschieht.

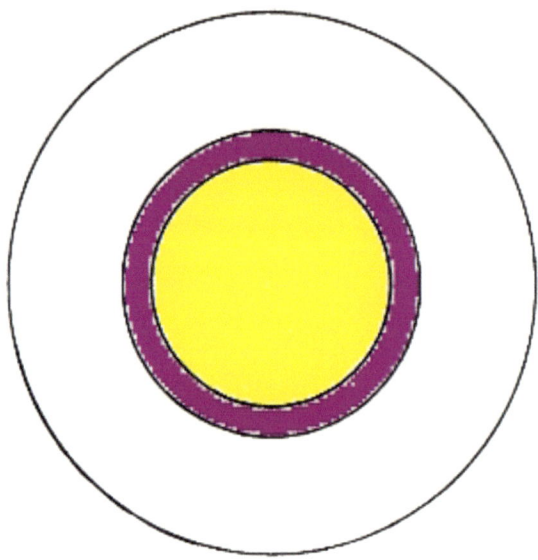

Die erste Prägung dieser innersten Schicht der Psyche bzw. des Lebenskraft-
körpers ist die Spiegelung der Seele in ihm, wodurch aufgrund der Zweipolarität der
Lebenskraft (männlich-weiblich, Yin-Yang) ein männliches und ein weibliches
Seelenspiegelbild entstehen. Die männliche Seite (rot) ist in dem Mandala wie z.B.
auch in Familienaufstellungen rechts und die weibliche Seite (blau) links.

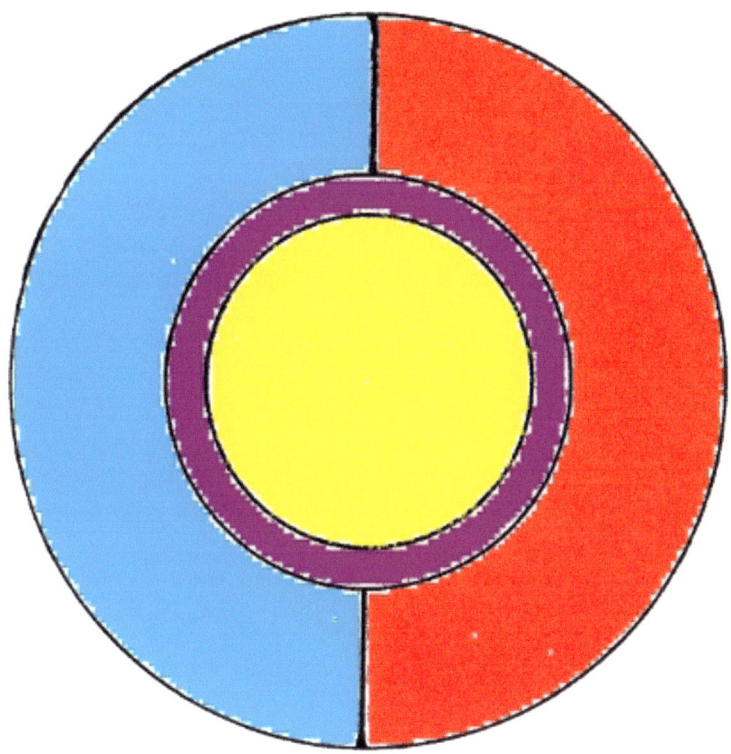

Der schmale Kreisring (mittelviolett) um die beiden Seelenspiegelbilder herum stellt genaugenommen die Grenze zwischen der heilen Psyche und der bereits durch heftige Erlebnisse verzerrten Psyche dar.

Man könnte diesen Übergang grob auch mit der Geburt gleichsetzen, aber das ist nicht ganz präzise, da es auch pränatale Traumata gibt und nicht notwendigerweise nach der Geburt sofort heftige Erlebnisse folgen müssen. Da mit der Geburt jedoch der "erste große Irrtum", die Projektion der eigenen Seele auf die eigene Mutter verbunden ist, besteht doch eine Berechtigung, diesen Übergang zumindest weitgehend mit der Geburt gleichzusetzen.

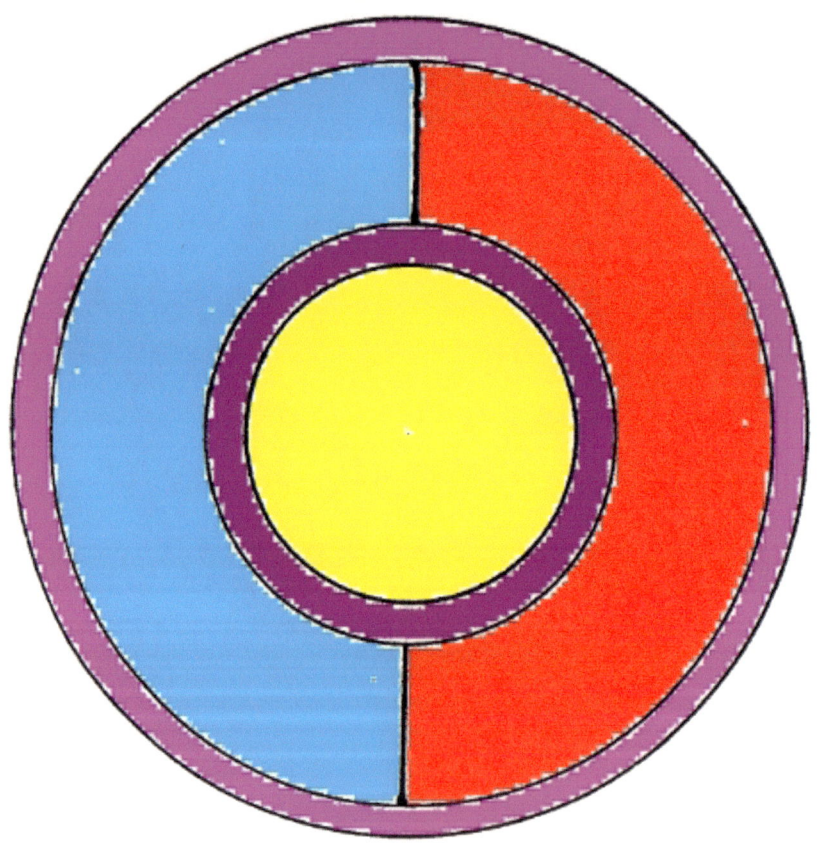

Der nun folgende breite Kreisring symbolisiert die durch äußere Ereignisse ge-prägte und polarisierte Psyche.

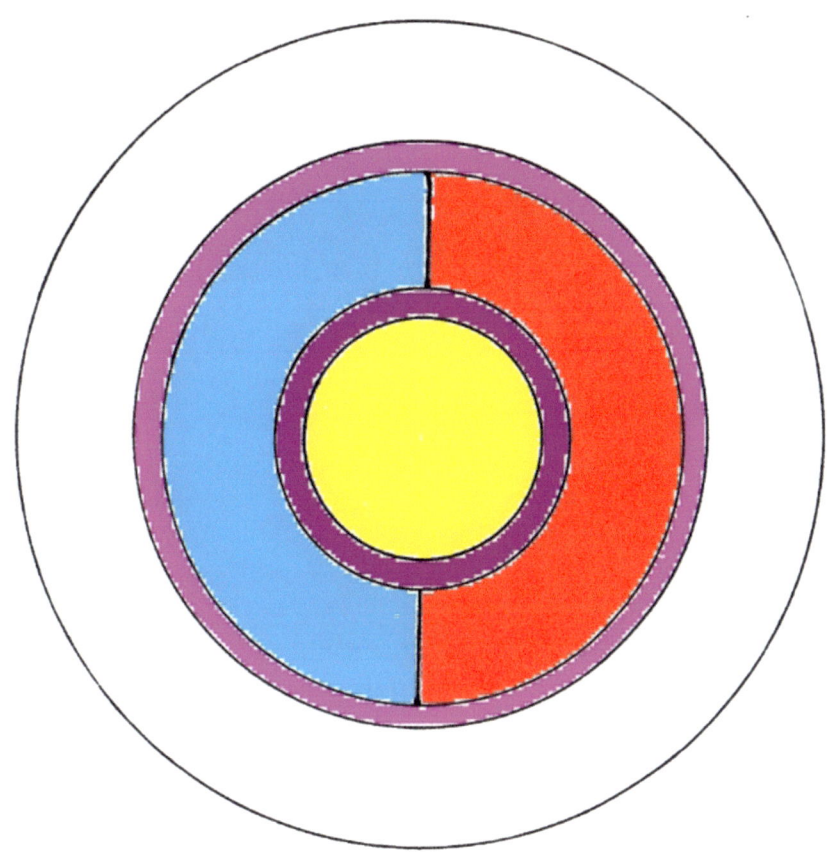

Auch dieser Kreisring ist in eine männliche und eine weibliche Hälfte unterteilt.

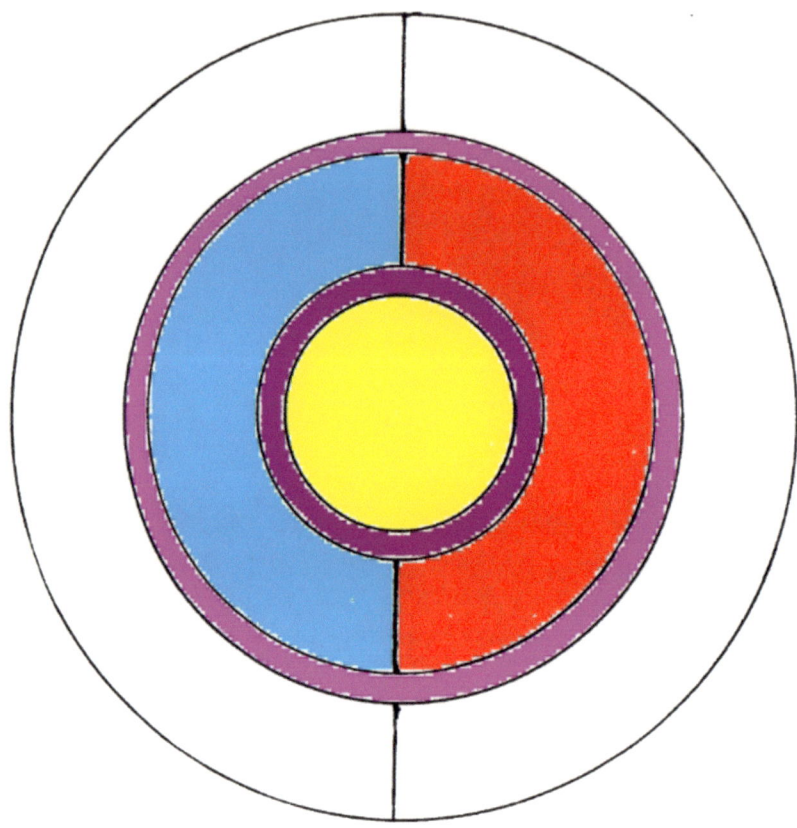

Aus dem heilen inneren Männerbild wird dabei ein progressiv verzerrtes Männerbild sowie ein regressiv verzerrtes Männerbild. Das innere Frauenbild erleidet dieselbe Verzerrung und Polarisierung. Im Mandala eines Mannes wird eines der beiden polarisierten Männerbilder zum Selbstbild und das andere Männerbild zum Feindbild – und entsprechend auch im Mandala einer Frau.

Die beiden progressiv verzerrten Pole werden durch Dunkelrot und Dunkelblau dargestellt (oben), während die beiden regressiven Pole durch hellblau und hellrot markiert worden sind (unten).

Die Mischung aus Dunkelrot und Hellrot ergibt dann wieder das ursprüngliche Rot und die Mischung aus Dunkelblau und Hellblau wieder das ursprüngliche Blau – denn die Summe der beiden polarisierten Extreme bleibt immer mit dem Ursprünglichen, das polarisiert worden ist, identisch. Dies ist auch einer der Grundgedanken, auf denen die Alchemie beruht.

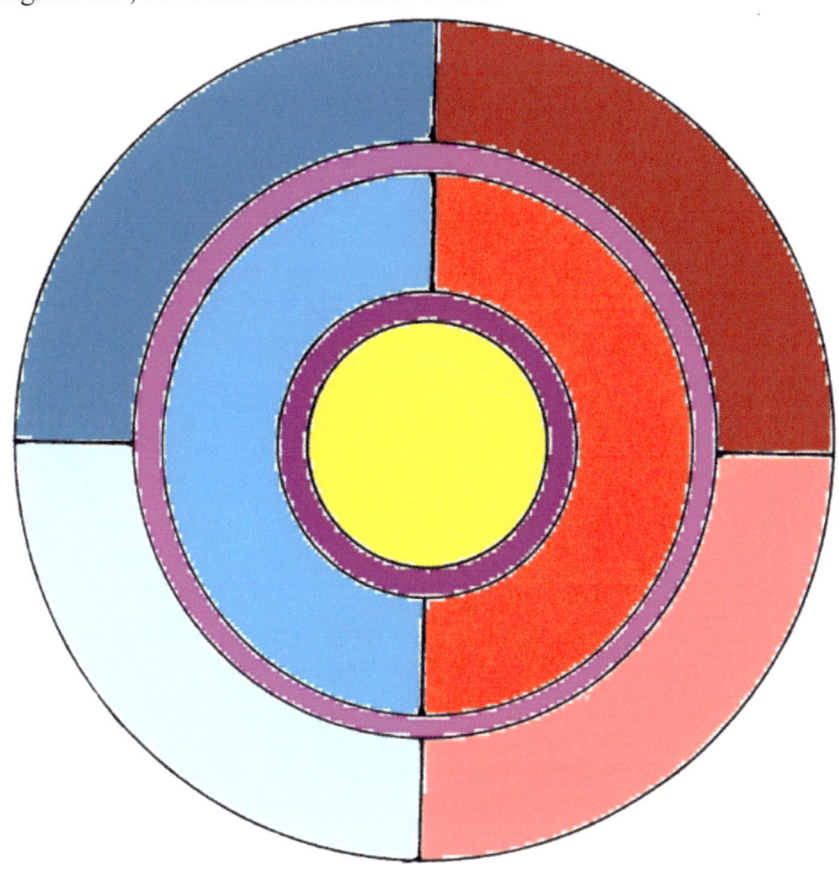

Der schmale Kreisring (hellviolett) um diesen viergeteilten Kreisring herum stellt nun eine weitere Grenze dar: den Übergang zwischen Innen und Außen – die Haut. An ihr findet daher die Projektion der drei Bilder in der Psyche, die nicht das Selbstbild sind, auf drei weitere Personen dar.

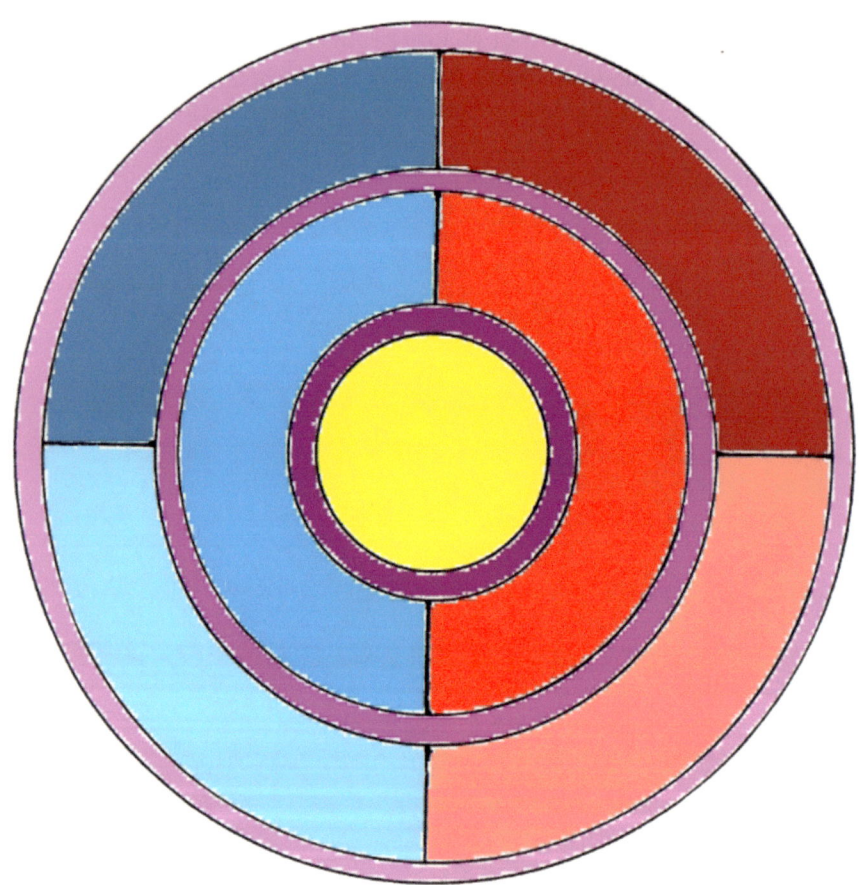

Das letzte Element, das in dem Mandala noch fehlt, sind die vier Personen, auf die die vier polarisierten inneren Bilder projiziert werden. Sie werden durch vier gleichseitige Dreiecke außen vor jedem der vier Segmente des äußeren Kreisringes (ockerfarben) dargestellt.

Eine von diesen vier Personen ist die Person selber, zu der dieses Mandala gehört – in dem unten dargestellten Beispiel ist es ein Mann, der einen progressiv verzerrten Pol lebt.

Der farbliche Kreis in dem Dreieck kennzeichnet die Qualität, die auf die Person, die durch das Dreieck repräsentiert wird, projiziert wird – das dunkelrote Dreieck rechts oben repräsentiert den männlich-progressiven Pol, den der Mann lebt, dessen Beziehungsstrukturen dieses Mandala darstellt.

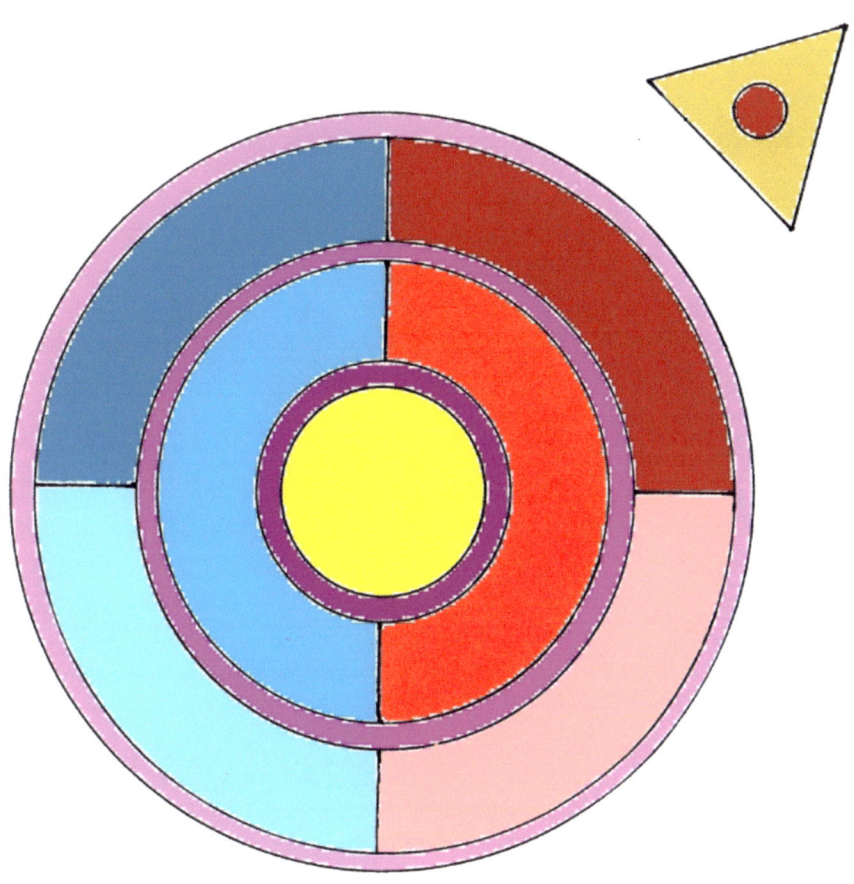

Zusammen mit den drei Projektionen auf andere Personen ergibt sich dann das vollständige Mandala.

Am bekanntesten sind Mandalas aus Indien, Tibet und von den Indianern im Süden von Nordamerika, insbesondere von den Hopis. Es gibt aber auch bei anderen Völkern Mandalas. Sie stellen alle ein symmetrisches Bild der Welt dar, in der die in ihr beobachteten Qualitäten ihrem Zusammenhang nach angeordnet werden.

In Bezug auf diese Mandalas gibt es einige Gemeinsamkeiten. Am auffälligsten ist zunächst einmal ihre Symmetrie und ihr Zentrum, das sowohl den Ursprung als auch das Ziel darstellt. Das Umfeld um das Mandala herum repräsentiert folglich die Welt um einen Menschen herum oder manchmal auch einfach das Unbekannte und Ungeordnete – die Wildnis und das Chaos.

Ein sehr einfaches und weit verbreitetes Mandala ist z.B. das Dorf im Zentrum, um das herum als Kreisringe die Gärten, dann die Felder, schließlich die Weiden und ganz außen den ganzen Bereich der Zivilisation und der Kultur umgebend die Wildnis folgt. Die vier Himmelsrichtungen ergeben zusätzlich eine horizontale Struktur, die den Jahreszeiten entspricht: Osten/Frühling/Sonnenaufgang, Süden/Sommer/Mittag, Westen/Herbst/Abend und Norden/Winter/Nacht. Schließlich gibt es noch eine vertikale Strukturierung in das Diesseits in der Mitte, das Totenreich darunter in der Erde und die Götterwelt darüber im Himmel, die durch den Weltenbaum im Zentrum miteinander verbunden werden.

Ein Beispiel für ein solches einfaches Mandala ist z.B. die germanische Götterwelt mit dem Midgard der Menschen im Zentrum, dem Utgard der Riesen ringsum, dem Asgard der Götter im Himmel, der Hel der Toten unter der Erde und dies alles verbindend im Zentrum die Weltesche Yggdrasil.

Auch die Schwitzhütte ist solch ein Mandala: im Westen die Schlange, die das Verborgene kennt; im Norden der Bär, der die Standfestigkeit und Aufrichtigkeit lehrt; im Osten Adler, der alle Dinge von oben her betrachtet; im Süden die Büffelfrau, die den Menschen die Gemeinschaft gibt; unten Großmutter Erde, die den Menschen Vertrauen und Geborgenheit gibt; oben Großvater Himmel, der den Menschen Verantwortung und Kreativität schenkt; und im Zentrum das Große Geheimnis des Lebens.

In ein Mandala können alle Dinge der Welt eingeordnet werden, sodaß ein Mandala, über das längere Zeit meditiert wurde, schließlich zu einem Abbild der gesamten Welt wird. Ein wichtiger Aspekt ist dabei die Zuordnung der eigenen Person zu dem Mandala bzw. die Gliederung der eigenen Person entsprechend der Struktur des Mandalas, wodurch auch man selber zu einem Teil dieses symmetrischen Bildes wird. Die Mandalas, die in der Meditation benutzt werden, haben häufig die Gestalt von Städten bzw. großen Tempelanlagen, d.h. sie sind zwar dreidimensional, aber die Wege führen nur von außen Mitte und nicht nach oben oder unten. Diese Mandalas sind z.T. auch als Tempel gebaut worden wie z.B. in Angkor Vat in Thailand.

architektonisches Mandala:
Angkor Vat

Aus diesem Charakter der Mandalas ergibt sich, daß man in ihnen in der Meditation oder mithilfe von Traumreisen vom Rand des Alltags zur Mitte des Ursprungs reisen und dort diesen Ursprung erleben kann. Auf diese Weise wird das Mandala zu einer Landkarte auch für die Reise zur eigenen Mitte, d.h. zur eigenen Seele. Je nach Art des Mandalas ist die eigene Mitte auch nur ein Zwischenschritt und das Zentrum des Mandalas ist die Einheit der Welt bzw. der Eine Gott.

Der historische Ursprung der Mandalas sind die Landkarten, die den Aufbau des Jenseits beschreiben, das die Schamanen auf ihren inneren Reisen in die Unterwelt erforscht haben. Diese Landkarten der Reise in die Unterwelt haben sie dann in der Regel auf das Fell ihrer Trommeln gemalt.

Diese Jenseitslandkarten der Schamanen waren die ersten Strukturdarstellungen der menschlichen Psyche bzw. genauer gesagt, die ersten graphischen Darstellungen der menschlichen magisch-religiösen Erlebnismöglichkeiten.

Das wichtigste Einzelerlebnis innerhalb dieser Erlebnisse war die Möglichkeit zur Astralreise, das in allen Kulturen die Grundlage dafür bildet, zu einem Schamanen zu werden.

3.   Ausprägung des Mandalas bei einer konkreten Person

3. a)   Die zwölf möglichen Rollen einer Person

Der erste Schritt bei der praktischen Anwendung dieses Mandalas besteht darin, daß man herausfindet, welche konkreten Personen die vier Innenbilder des Ratsuchenden in dessen Leben zur Zeit verkörpern.

Damit dies gelingt, müssen zunächst die möglichen Grundformen deutlich sein, wobei im konkreten Fall allerdings in aller Regel Mischformen auftreten. Dies gilt insbesondere dann, wenn das die Psyche polarisierende Erlebnis bereits in der oralen Phase stattfand, da sich dann auch die anale und die phallische Phase nicht ungestört entwickeln konnten. Man wird in aller Regel also keine "Reinformen" von Polarisierungen vorfinden.

Die zwölf wichtigsten Typen, die durch die Polarisierungen entstehen können, ergeben sich 1. durch die drei Phasen (oral, anal, phallisch), 2. die natürliche Polarität von Mann und Frau sowie 3. die verzerrende Polarität von Ideal und Schatten. Bei der Betrachtung dieser zwölf Typen ist es wichtig, die heilen Qualitäten im Bewußtsein zu behalten, da das Erreichen dieser Eigenschaften das eigentliche Ziel und der Zweck des Beziehungsmandalas und seiner Anwendung ist. Zudem ist es wichtig, alle „Zerrformen" immer auch als ein Versuch des Betreffenden anzusehen, zu überleben und glücklich zu werden. Diese Versuche stammen jedoch aus der Vergangenheit und sind lediglich in den meisten Fällen der konkreten Situation in der Gegenwart nicht mehr angemessen.

Die drei Qualitäten sind 1. die Geborgenheit und das Urvertrauen der oralen Phase, 2. die Kraft und Klarheit der analen Phase und 3. die Selbstliebe und Selbstgewissheit der phallischen Phase.

In der „polarisierten Psyche" können folgende zwölf Grundtypen auftreten:

	Mann		Frau	
	progressiv	**regressiv**	**progressiv**	**regressiv**
orale Phase	Asket Helfer	Süchtiger Hilfsbedürftiger	Asketin Helferin	Süchtige Hilfsbedürftige
anale Phase	Täter Sadist Herr	Opfer Masochist Diener	Täterin Sadistin Herrin	Opfer Masochistin Dienerin
phallische Phase	Größenwahn Angeber	Minderwertig- keitskomplex Schüchterner	Größenwahn Angeberin	Minderwertig- keitskomplex Schüchterne

3. b)   Die vier Grundtypen in dem "Drama zu viert"

Die Menschen auf den vier verschiedenen Positionen des Beziehungsmandalas haben fast immer dieselbe Art von Beziehung zu dem Ratsuchenden: Ich, Freund, Freundin, Partner und Feind.

Die Personen in den beiden Spalten in der folgenden Tabelle haben jeweils dasselbe Geschlecht; die Personen in den beiden Zeilen haben dieselbe Dynamik (progressiv oder regressiv).

	eigenes Geschlecht	anderes Geschlecht
eigene Dynamik	Ich, Freund	Freund
andere Dynamik	Feind	Beziehungspartner

Von dieser Beziehungsstruktur gibt es vier Varianten, da man kann sie von vier verschieden Orten aus erleben kann, weil die ratsuchende Person vier verschiedene Positionen in dem Mandala zur Auswahl hat: männlich-progressiv, männlich-regressiv, weiblich-progressiv und weiblich-regressiv.

Insgesamt ergeben sich daraus somit sechzehn verschiedene Positionen, auf denen ein Mensch im Leben des Ratsuchenden stehen kann: vier Positionen, auf denen der Ratsuchende selber steht und die jeweils drei Ergänzungen dazu durch andere Personen.

Diese Struktur bezieht sich auf den äußeren, viergeteilten Kreisring und somit auch auf die vier Dreiecke, die die Personen darstellen, die diese vier Teile der Psyche im Äußeren ausleben.

Die vier Personen die dabei auftreten, sind:

> 1. der Ratsuchende und seine gleichgeschlechtlichen Freunde,
> 2. seine gegengeschlechtlichen Freunde
> 3. die gleichgeschlechtliche Person, mit der es immer wieder Schwierigkeiten gibt, und
> 4. der Beziehungspartner, mit dem es ebenfalls viele Probleme gibt.

Die Beschreibungen der vier möglichen Stellungen des Ratsuchenden in dem Beziehungsmandala, die in den folgenden vier Tabellen sind Beispielen dargestellt sind, variieren je nach der konkreten psychischen Struktur des Ratsuchenden (oral, anal oder phallisch).

Mandala eines progressiven Mannes		
	Mann	**Frau**
progressiv	*Ratsuchender,* Freunde	seine beste Freundin, die ihn immer gut versteht
regressiv	von ihm abhängige Männer, die ihm stets Mühe bereiten	seine Frau, die von ihm abhängig ist

Mandala eines regressiven Mannes		
	Mann	**Frau**
progressiv	sein Chef, der ihn drangsaliert	seine dominante Partnerin, mit der er immer wieder Schwierigkeiten hat
regressiv	*Ratsuchender,* Freunde	Seine beste Freundin, mit der zusammen er viel unternimmt

Mandala einer progressiven Frau		
	Mann	**Frau**
progressiv	ihr bester Freund, der sie immer gut versteht	*Ratsuchende,* Freundinnen
regressiv	ihr Mann, der von ihr abhängig ist	von ihr abhängige Frauen, die ihr stets Mühe bereiten

Mandala einer regressiven Frau		
	Mann	**Frau**
progressiv	ihr Partner, mit der sie immer wieder Schwierigkeiten hat	ihre Vermieterin, die ihr ständig das Leben schwer macht
regressiv	ihr bester Freund, mit dem zu-sammen sie viel unternimmt	*Ratsuchende,* Freunde

Wenn man die vier Positionen und die drei möglichen psychischen Strukturen kombiniert, erhält man zwölf mögliche Mandalas. Da jedes Mandala durch drei weitere Personen ergänzt wird, gibt es somit 12·4=48 verschiedene Rollen in dem Beziehungsmandala.

Das anstrengendste Verhältnis besteht meist zu der Person mit demselben Geschlecht, aber der entgegengesetzten Dynamik, da sie den Schatten des Ratsuchenden darstellt. Die beiden Personen mit dem anderen Geschlecht weisen oft viele Ähnlichkeiten miteinander auf, aber unterscheiden sich sehr deutlich in ihrer Dynamik (progressiv bzw. regressiv).

Die Bezeichnungen wie „Süchtiger" oder „Täter" sind natürlich nicht als vollständige Beschreibung dieser Rollen anzusehen, sondern nur als eine Bezeichnung für die psychische Grundstruktur der Menschen auf der jeweiligen Position in dem Mandala.

Die Position des Ratsuchenden ist doppelt besetzt, da seine gleichgeschlechtlichen Freunde dieselbe Dynamik haben wie er selber.

Alle diese Charakteristiken sind natürlich Grundformen – es sind z.B. durchaus auch Freundschaften zwischen Menschen mit unterschiedlichen psychischen Grundstrukturen möglich, aber dafür ist dann schon ein größeres Maß an Bewußtheit notwendig. Oft liegen die zunächst recht auffälligen Unterschiede zwischen Freunden auch in Lebensbereichen, die nicht zu der Grundverletzung gehören, die die Polarisierung der psychischen Strukturen ausgelöst hat, sodaß die beiden Freunde bei genauerer Betrachtung in den polarisierten Strukturen doch übereinstimmen.

Die Übereinstimmungen und die Polaritäten gehen oft bis in kleine Details – zum einen ist die Aufspaltung in Ideal und Schatten in den Psychen der Menschen sehr klar konturiert und zum anderen ist die Wahrnehmung der Menschen füreinander sehr scharf und folglich die Auswahl der Freunde, Beziehungen und „Gegner" sehr präzise. … wer kennt nicht den impulsiven Ausspruch: „Oh nein, nicht schon wieder! Das kenne ich doch schon nur zu gut!" ?

Auf den folgenden drei Seiten sind die zwölf möglichen Mandalas dargestellt, in denen eine Person stehen kann.

	orale Grundstruktur			
	Personen			
	Männer		*Frauen*	
	progressiv	*regressiv*	*progressiv*	*regressiv*
1. Mandala	**Ratsuchender:** Asket anderer Asket (Freund)	Süchtiger (anstrengendes Verhältnis)	Asketin (Freundin)	Süchtige (Beziehung)
2. Mandala	Asket (anstrengendes Verhältnis)	**Ratsuchender:** Süchtiger, anderer Süchtiger (Freund)	Asketin (Beziehung)	Süchtige (Freundin)
3. Mandala	Asket (Freund)	Süchtiger (Beziehung)	**Ratsuchende:** Asketin andere Asketin (Freundin)	Süchtige (anstrengendes Verhältnis)
4. Mandala	Asket (Beziehung)	Süchtiger (Freund)	Asketin (anstrengendes Verhältnis)	**Ratsuchende:** Süchtige andere Süchtige (Freundin)

Häufige Merkmale der „Asketen" sind Hilfsbereitschaft, Absicherung, Festklammern, materielle Unterstützung anderer, Verzicht, Zuverlässigkeit, Selbstaufopferung, schlechter Zugang zu den eigenen Gefühlen u.ä.

Häufige Merkmale der „Süchtigen" sind Hilfsbedürftigkeit, Unselbständigkeit, Abhängigkeit, Sucht, Unzuverlässigkeit, Festklammern, Erhalten von (materieller) Unterstützung, Gefühlsausbrüche, Depressionen durch andere u.ä.

Typisch für beide sind Ruhelosigkeit, Abbrüche von Beziehungen, Einsamkeit, Kontaktlosigkeit, Entfremdung vom eigenen Körper u.ä.

Die von beiden letztlich angestrebte heile Qualität ist Geborgenheit, Genährtwerden, Kontakt, Wärme, Zuhausesein im eigenen Körper u.ä.

anale Grundstruktur				
	Personen			
	Männer		*Frauen*	
	progressiv	*regressiv*	*progressiv*	*regressiv*
1. Mandala	**Ratsuchender:** Täter anderer Täter (Freund)	Opfer (anstrengendes Verhältnis)	Täterin (Freundin)	Opfer (Beziehung)
2. Mandala	Täter (anstrengendes Verhältnis)	**Ratsuchender:** Opfer anderes Opfer (Freund)	Täterin (Beziehung)	Opfer (Freundin)
3. Mandala	Täter (Freund)	Opfer (Beziehung)	**Ratsuchende:** Täterin andere Täterin (Freundin)	Opfer (anstrengendes Verhältnis)
4. Mandala	Täter (Beziehung)	Opfer (Freund)	Täterin (anstrengendes Verhältnis)	**Ratsuchende:** Opfer anderes Opfer (Freundin)

Häufige Merkmale der „Täter" sind Aggression, Machtstreben, Dominanz, Sadismus, Kampfbereitschaft, Mißtrauen, überschnelle Reaktionen, Verletzen von Grenzen, heftige Verteidigung des eigenen Körpers, Angriff, Eckigkeit in den Bewegungen u.ä.

Häufige Merkmale der „Opfer" sind Ohnmachtsgefühle, Unterordnung, Lügen, Masochismus, Selbstverletzungen, sehr langsame Reaktionen, Zaudern, Zweifel, kein Schützen des eigenen Körpers, Rückzug, Fahrigkeit in den Bewegungen u.ä.

Typisch für beide sind Unsicherheit, unklare Grenzen, Zweifel an der eigenen Kraft, Mißtrauen u.ä.

Die von beiden letztlich angestrebte heile Qualität ist Unterscheidungskraft, Klarheit, Stärke, Orientierung, Gelassenheit, innerer Halt, Standfestigkeit, Aufrichtigkeit, Ehrlichkeit, Elastizität und Eleganz in den Bewegungen u.ä.

phallische Grundstruktur				
	Personen			
	Männer		Frauen	
	progressiv	*regressiv*	*progressiv*	*regressiv*
1. Mandala	**Ratsuchender:** Angeber Angeber (Freund)	Bewunderer (anstrengendes Verhältnis)	Angeberin (Freundin)	Bewundernde (Beziehung)
2. Mandala	Angeber (anstrengendes Verhältnis)	**Ratsuchender:** Bewunderer Bewunderer (Freund)	Angeberin (Beziehung)	Bewundernde (Freundin)
3. Mandala	Angeber (Freund)	Bewunderer (Beziehung)	**Ratsuchende:** Angeberin Angeberin (Freundin)	Bewundernde (anstrengendes Verhältnis)
4. Mandala	Angeber (Beziehung)	Bewunderer (Freund)	Angeberin (anstrengendes Verhältnis)	**Ratsuchende:** Bewundernde Bewundernde (Freundin)

Häufige Merkmale der „Angeber" sind Größenwahn, Dominanz, Ehrgeiz, die Suche nach Beifall, Ruhm, Anerkennung und Bewunderung u.ä.

Häufige Merkmale der „Bewunderer" sind Minderwertigkeitskomplexe, Antriebslosigkeit, innerer Rückzug, Selbstzweifel, die Furcht, anderen lästig zu sein u.ä.

Typisch für beide sind Selbstunsicherheit, Selbstzweifel, Mangel an Selbstliebe, ein an anderen orientiertes Selbstwertgefühl u.ä.

Die von beiden letztlich angestrebte heile Qualität ist Selbstliebe, das Leben aus dem eigenen Herzen heraus, Individualität u.ä.

3. c)   Die Suche nach den äußeren Stellvertretern der vier Innenbildern

Der erste Teil der konkreten Anwendung des Beziehungsmandalas besteht darin, durch Fragen herauszufinden, welche Rolle der Ratsuchende selber innehat: Süchtiger oder Asket (orale Zerrbilder), Herr oder Diener (anale Zerrbilder), oder Bewunderer oder Bewunderter (phallische Zerrbilder).

Danach kann man den Ratsuchenden bitten, einmal die derzeitig wichtigen Menschen in seinem Leben zu betrachten – sowohl die Menschen, die ihm nahe sind als auch die, die ihn „nerven". Unter diesen Personen sucht man dann, wenn der Ratsuchende z.B. ein Asket-Typ ist, nach dem männlichen Süchtigen, der weiblichen Süchtigen und der weiblichen Asketin. Manchmal dauert es eine Weile, bis man das eigentliche Thema des Ratsuchenden deutlich erkannt hat – wenn man es schließlich entdeckt hat und es zusammen bespricht, tritt fast immer ein deutlicher „Aha!"-Effekt auf.

Manchmal ist es auch hilfreich, nach dem Verhältnis zur eigenen Mutter und zum eigenen Vater zu fragen, da in diesen Beziehungen das grundlegende Thema meist recht deutlich auftritt. Die Frage nach den Freundschaften kann helfen, die Position des Ratsuchenden selber zu klären, da Freunde und Freundinnen fast immer dieselbe Position wie der Ratsuchende innehaben.

Wenn die Struktur trotzdem noch unklar bleibt, kann man auch frühere heftigere Situationen betrachten, da in ihnen in der Regel auch die einzelnen Rollen des Beziehungsmandalas deutlich werden.

Auch ein Vergleich aller bisherigen Beziehungen, aller bisherigen Freundschaften (nach Geschlecht sortiert) oder aller Menschen, die dem Ratsuchenden das Leben schwer gemacht haben, kann hilfreich sein.

3. d)   Drei Beispiele für das "Drama zu viert"

Um die Strukturen, die man vorfinden kann, zu verdeutlichen, folgen nun drei Beispiele – je eine für die drei verschiedenen Phasen, in denen die Polarisierung entstanden sein kann. Der Einfachheit halber sind die folgenden drei Darstellungen weitestgehend Reinformen der drei Phasen (oral, anal und phallisch).

Bei der Suche nach den Rollen ist zu beachten, daß es keine ausschließlich kranken Verhaltensweisen gibt, sondern daß es daneben immer auch gesunde psychische Strukturen und ebenso auch Formen, die der gegenteiligen Dynamik entsprechen. So kann z.B. ein Süchtiger manchmal auch hilfsbereit und großzügig sein oder z.B. nach einer Therapie oder einer Meditation in sich ruhen und in Frieden mit der Welt sein.

Manchmal ist ein Ratsuchender in Bezug auf einen bestimmten Menschen regressiv, während er im Zusammensein mit einer anderen Person progressiv ist – je nach dem wie intensiv der „Druck" der beiden Personen in die regressive bzw. progressive Richtung ist. Ein Süchtiger kann z.B. die helfende Asketen-Rolle einnehmen, wenn er auf einen anderen Süchtigen trifft, der wesentlich tiefer in der regressiven Rolle steckt und vielleicht in Lebensgefahr schwebt. Ein nicht sehr freundliches und zudem klischeehaftes Beispiel für den Wechsel einer Person zwischen den beiden Polen der analen Dynamik ist das Verhalten in Hierarchien: nach oben buckeln (anal-regressiv) und nach unten treten (anal-progressiv).

Es ist generell wichtig, bei der Betrachtung aller kranken Formen in der Psyche immer die heile Form im Blick zu behalten, also die Qualitäten des Urvertrauens, der eigenen Kraft und der Selbstliebe, aus denen heraus diese kranken Formen entstanden sind und zu denen sie zurückkehren wollen. Alle verzerrten Strukturen in der Psyche sind Versuche, das eigene Leben zu bewältigen, zu überleben und glücklich zu werden – und letztlich wieder vertrauensvoll und voller Kraft in Selbstliebe sein eigenes Leben selbstbestimmt und zugleich in Gemeinschaft zu tanzen.

Im Grunde genommen sollte man das Beziehungsmandala immer von seinem Zentrum her betrachten und sich daher die Fragen stellen "Was sucht in dieser Person nach Ausdruck? Was ist ihre Seele, ihre Mitte? Wie kann ich dieser Person dabei helfen, wieder ihre eigene Mitte zu spüren, aus ihr heraus zu leben und ihr treu zu sein?"

Beispiel 1:   Ein "Drama zu viert" mit oralem Thema

Eine Frau lebt in ärmlichen Verhältnissen, aber ist jederzeit bereit, anderen zu helfen. Sie lebt offensichtlich ihr progressiv-orales Innenbild. Dies wird dadurch bestätigt, daß auch ihre Freundinnen und ihre Freunde vorwiegend helfende Berufe ausüben und eher arm sind.

Ihr Beziehungspartner vernachlässigt sehr sein Äußeres, ist oft krank, achtet nicht auf seinen Besitz, trinkt viel Alkohol und ist ausgesprochen unzuverlässig. Das orale Thema ist somit ebenfalls deutlich, aber hier hat es die regressive Ausprägung angenommen.

Die betreffende Frau ist in Therapie bei einem Mann, bei dem sie erleben kann, daß sie verstanden wird. Möglicherweise verliebt sie sich auch in ihn, aber es kommt keine Beziehung und auch kein Verhältnis zustande. Der Therapeut vertritt dieselbe progressive Dynamik wie die Frau selber.

Schließlich gibt es noch ihre Tochter, die in ihrem Leben überhaupt nicht zurechtkommt, schon drei uneheliche Kinder von verschiedenen Männern hat und weitgehend von der Unterstützung ihrer Mutter und von Arbeitslosengeld lebt. Sie repräsentiert die gleichgeschlechtliche Position mit der entgegengesetzten Dynamik. Diese Position bereitet der Frau neben ihrer Beziehung die meisten Probleme.

	Mann	**Frau**
oral-progressiv	Therapeut	*Frau* Freundinnen
oral-regressiv	Mann	Tochter

Beispiel 2:   Ein "Drama zu viert" mit analem Thema

Ein Mann ist Chef einer kleinen Firma, die er selbst gegründet hat und deren An-gestellte er mit harter Hand führt – er duldet keinerlei Widerspruch. In seiner Frei-zeit übt er Karate und trainiert für den nächsten Ironman-Wettkampf. Freunde hat er vor allem in seinem Karate-Verein und auf dem Fußballplatz. Er ist ein Vertreter des anal-progressiven Typs – ein ausgesprochen unwahrscheinlicher Patient in jeder Art von therapeutischer Praxis ...

Seine Angestellten sind seine Gegner, die er immer wieder disziplinieren muß und die er auch des öfteren kündigt. In jedem von ihnen sieht er einen Konkurrenten und jemanden, der ihn nur ausnutzen will. Sie repräsentieren in seinem Weltbild die anal-regressive Rolle – die er mit allen Mittel im Außen und auch in seinem Inneren (Schatten) bekämpft.

Seine beste Vertraute ist seine Steuerberaterin, die ihm hilft, seine Gewinne zu vertuschen. Mit ihr hatte er auch schon einmal ein kurzes Verhältnis, aber da sie wie der Mann selber auch keinen anderen starken Menschen in ihrer Nähe dulden kann, war dieser Seitensprung nur von kurzer Dauer und beide besannen sich nach einem heftigen Streit wieder auf ihr Kerngeschäft: gemeinsam das Finanzamt zu betrügen. Beide spielen füreinander die gegengeschlechtliche Rolle mit derselben Dynamik – die in diesem Fall eine recht spezielle Form der Freundschaft angenommen hat.

Seine Frau ist finanziell völlig von ihm abhängig und wird von ihm des öfteren geschlagen und mißbraucht, aber sie hat keine Kraft, Widerstand zu leisten oder sich von ihm scheiden zu lassen – vor allem wegen der gemeinsamen Kinder. Sie ist sowohl vom Geschlecht als auch von der Dynamik her der Gegenpol des Mannes, der den Täter-Typ repräsentiert: das weibliche Opfer.

	Mann	Frau
anal-progressiv	*Mann* Karate-Freunde	Steuerberaterin
anal-regressiv	Angestellte	Frau

Beispiel 3:   Ein "Drama zu viert" mit phallischem Thema

Eine Frau aus einfachen Verhältnissen hat einen Volkswirtschafts-Professor geheiratet. Sie versieht den Haushalt, erzieht die Kinder und sieht ihren Mann nur selten, da er oft lange in der Universität bleibt und zudem auf viele Tagungen und Kongresse eingeladen wird. Sie leidet oft an schweren Selbstzweifeln und Minderwertigkeitsgefühlen und stellt sich immer wieder die Frage nach dem Sinn ihres Lebens. Ihre jüngere Schwester ist ihre beste Freundin – sie hat einen Richter geheiratet und lebt in einer ganz ähnlichen Position wie die Frau. Beide Schwestern leben die phallisch-regressive Rolle.

Ihr Mann, der in Fachkreisen internationale Anerkennung genießt und auch schon mehrere erfolgreiche populärwissenschaftliche Werke verfaßt hat, vertritt den phallisch-progressiven Typ.

Der einzige Mann, mit dem diese Frau einen engeren Kontakt hat, ist ihr älterer Bruder, der oft an Selbstzweifeln leidet und die verschiedensten Berufe ohne Erfolg versucht hat und auch schon mehrmals erfolglos verschiedenen Verlagen einen Roman über sein Leben angeboten hat. Er lebt wie die Frau einen phallisch-regressiven Lebensentwurf und schwankt im Gegensatz zu ihr aber des öfteren zwischen Minderwertigkeitskomplexen (kein Erfolg im Beruf) und völliger Selbstüberschätzung (Autobiographie) hin und her.

Das größte Leid bereitet der Frau jedoch ihre herrische Mutter, die nur wenige Straßen entfernt wohnt und sie fast täglich besuchen kommt und kein einziges gutes Haar an ihr läßt. Sie repräsentiert die weibliche phallisch-progressive Rolle.

	Mann	**Frau**
phallisch-progressiv	Professor	Mutter
phallisch-regressiv	Bruder	*Frau* Schwester

- - -

Diese Beispiele sind keineswegs übertrieben – es gibt durchaus Biographien und Lebenssituationen, die noch sehr viel extremer sein können.

47

3. e)   Die Beziehungsmuster zwischen den vier Positionen im Mandala

Zwischen dem Ich, dem Beziehungspartner, dem gleichgeschlechtlichen Freund, dem gegengeschlechtlichen Freund und dem „Gegner" gibt es aufgrund ihrer Polaritäten und der sich daraus ergebenden Rollen bestimmte Verhältnisse, die sich immer wieder beobachten lassen. Diese Verhältnisse variieren zwar je nach dem, ob die grundlegende Störung und die sich aus ihr ergebende Polarisierung im oralen, analen oder phallischen Bereich liegen, aber die Grundstrukturen lassen sich doch fast immer wiederfinden.

Zur besseren Orientierung findet sich über jedem der einzelnen Verhältnisse eine kleine Graphik, in der die beiden beteiligten Rollen in dem Beziehungsmandala farbig gekennzeichnet sind.

1. Verhältnis im Beziehungsmandala

	eigenes Geschlecht		anderes Geschlecht
eigene Dynamik	Ich	Freund	Freund
andere Dynamik	Feind		Beziehungspartner

Am einfachsten ist das Verhältnis zwischen dem Ratsuchenden und den Personen mit gleichem Geschlecht und gleicher Dynamik. Sie sind Freunde, verstehen sich, haben ähnliche Ziele, sind Leidensgenossen oder gute Kumpel, sie „stehen auf derselben Seite" … man fühlt sich bei ihnen zuhause, weil man ihre Dynamik von sich selber kennt und bei diesen Freunden daher Verständnis und ein ähnliches Verhalten findet.

2. Verhältnis im Beziehungsmandala

	eigenes Geschlecht		anderes Geschlecht
eigene Dynamik	Ich	Freund	Freund
andere Dynamik	Feind		Beziehungspartner

Zwischen dem Ratsuchenden und der Person mit dem anderen Geschlecht und der entgegengesetzten Dynamik besteht in der Regel eine Beziehung. Dies ist der Fall, der von Jürg Willi in seinen Büchern als „Kollusion" ausführlich beschrieben worden ist. Zunächst ergänzen sich beide, aber schließlich tritt die Grundverletzung zutage und das Verhältnis beginnt sich zunehmend zu polarisieren und schließlich unerträglich zu werden.

Jürg Willi hat den Begriff „Kollusion" aus der Beobachtung abgeleitet, daß beide Partner sich brauchen (Lusion = Verklebung), obwohl sie sich gegenseitig das Leben schwer machen und ihre Lebensweisen heftig aufeinanderprallen (Kollision).

Die Beziehung ist das polarisierteste Verhältnis, das es zwischen zwei Menschen gibt: die Polarisierung zwischen Mann und Frau wird durch die Polarisierung der Dynamik ergänzt und enthält daher die größte Spannung – es kann zwischen ihnen am besten „funken".

3. Verhältnis im Beziehungsmandala

	eigenes Geschlecht		anderes Geschlecht
eigene Dynamik	Ich	Freund	Freund
andere Dynamik	Feind		Beziehungspartner

Der Ratsuchende und der gegengeschlechtliche Freund, der dieselbe Dynamik hat, haben ein spezielles Verhältnis: Beide verstehen einander und können sich daher unterstützen, aber eine Beziehung? Bloß nicht!

In einer Beziehung wird die Ergänzung zu etwas Ganzem gesucht und eine Person mit derselben Dynamik verstärken die Selbstwahrnehmung und den eigenen Pol der Polarität, aber der jeweils andere kann nicht den eigenen verdrängten Schatten repräsentieren …

Von außen her gesehen werden sich andere Menschen oft fragen, warum die beiden eigentlich keine Beziehung eingehen, wo sie doch so ähnlich sind und sich so gut verstehen – aber sie sind eher wie Bruder und Schwester.

Bisweilen gibt es zwischen ihnen jedoch so eine Art „Kumpel-Beziehung" oder ein kurzes Verhältnis, dem aber das „rechte Feuer" fehlt, das in den meisten Fällen eben durch den Gegensatz in der Dynamik hervorgerufen wird.

4. Verhältnis im Beziehungsmandala

	eigenes Geschlecht		anderes Geschlecht
eigene Dynamik	Ich	Freund	Freund
andere Dynamik	Feind		Beziehungspartner

Das Verhältnis zwischen dem Ratsuchenden und der Person mit demselben Geschlecht und der entgegengesetzten Dynamik ist die Person, die dem Ratsuchenden auf vielfache Weise das Leben schwer machen kann. Sie ist der Konkurrent, der Unterdrücker, der Abhängige, der Ausnutzer …

Die Vorgänge zwischen diesen beiden Personen können noch heftiger werden als die zwischen dem Ratsuchenden und seinem Beziehungspartner, da hier das durch den Ratsuchende verkörperte Ideal auf die Verkörperung seines Schattens trifft. Die Auseinandersetzungen zwischen ihnen haben oft etwas gnadenloses.

5. Verhältnis im Beziehungsmandala

	eigenes Geschlecht		anderes Geschlecht
eigene Dynamik	Ich	Freund	Freund
andere Dynamik	Feind		Beziehungspartner

Die Verhältnisse des gleichgeschlechtlichen Freundes des Ratsuchenden zu den übrigen Personen in dem „Drama zu viert" entspricht denen des Ratsuchenden z diesen Personen, da der Ratsuchende und sein gleichgeschlechtlicher Freund dieselbe Rolle innehaben.

Die größte Dynamik liegt daher zwischen dem Freund des Ratsuchenden und dessen Beziehungspartner – wer hat nicht schon einmal von dem Fremdgehen eines Mannes mit der besten Freundin seiner Frau gehört oder von dem Seitensprung einer Frau mit dem besten Freund ihres Mannes?

6. Verhältnis im Beziehungsmandala

	eigenes Geschlecht		anderes Geschlecht
eigene Dynamik	Ich	Freund	Freund
andere Dynamik	Feind		Beziehungspartner

Der gleichgeschlechtliche Freund des Ratsuchenden hat nur selten etwas mit dem Gegner des Ratsuchenden zu tun – es sei denn, der Freund hat sich dieselbe Person wie der Ratsuchende als Vertreter für seinen eigenen Schatten ausgewählt.

7. Verhältnis im Beziehungsmandala

	eigenes Geschlecht		anderes Geschlecht
eigene Dynamik	Ich	Freund	Freund
andere Dynamik	Feind		Beziehungspartner

Zwischen den gleichgeschlechtlichen und den andersgeschlechtlichen Freunden des Ratsuchenden gibt es in der Regel ein eher freundschaftliches Verhältnis, da sie alle derselben Dynamik angehören und somit weder die Erotik noch die Schatten-projektion eine größere Dramatik hervorrufen können. Sie sind der typische Freun-deskreis.

8. Verhältnis im Beziehungsmandala

	eigenes Geschlecht		anderes Geschlecht
eigene Dynamik	Ich	Freund	Freund
andere Dynamik	Feind		Beziehungspartner

Das Verhältnis zwischen dem Beziehungspartner und dem andersgeschlechtlichen Freund des Ratsuchenden hat hingegen eine große Dynamik: Eifersucht. Der Bezie-hungspartner wird oft das Verständnis und die Ähnlichkeit zwischen dem Ratsu-chenden und seinem anderesgeschlechtlichen Freund mit einer erotischen Anzie-hung verwechseln. Ganz unbegründet ist die Eifersucht des Beziehungspartners allerdings nicht, denn beide haben dieselbe Dynamik und können daher auf eine Weise im Einklang miteinander schwingen, die der Beziehungspartner mit dem Ratsuchenden aufgrund der verschiedenen Dynamiken kaum erreichen kann.

Daraus ergibt sich zwischen dem Beziehungspartner und dem andersgeschlechtlichen Freund eine große Spannung: Konkurrenz bis hin zu „Zickenkrieg" und Prügeleien. Beziehungspartner und andersgeschlechtlicher Freund stehen in demselben Spannungsgegensatz wie der Ratsuchende und sein gleichgeschlechtlicher „Gegner": Der andersgeschlechtliche Freund repräsentiert für den Beziehungspartner genauso ihren Schatten wie der „Gegner" für den Ratsuchenden.

Diese Spannung zwischen den beiden andersgeschlechtlichen Menschen in seinem Mandala macht dem Ratsuchenden manchmal arg zu schaffen, da er im Grunde beide braucht und zu beiden Kontakt haben will – und wer will schon gerne einen Sprengsatz in seinem System haben, der jederzeit hochgehen kann ... und dies auch regelmäßig tut?

An dieser Stelle wird der innere Gegensatz der beiden verzerrten Pole Ideal und Schatten besonders deutlich.

9. Verhältnis im Beziehungsmandala

	eigenes Geschlecht		anderes Geschlecht
eigene Dynamik	Ich	Freund	Freund
andere Dynamik	Feind		Beziehungspartner

Zwischen dem „Gegner" und dem andersgeschlechtlichen Freund besteht in der Regel kaum eine Dynamik – zumindest wird der Ratsuchende davon in der Regel nicht allzu viel wahrnehmen. Beide haben allerdings sowohl das entgegengesetzte Geschlecht als auch die entgegengesetzte Dynamik, also die Voraussetzung für eine Beziehung.

Sollte nun der Fall eingehen, daß beide tatsächlich eine Beziehung eingehen, dann wird der Ratsuchende auf heftige Weise mit seinem eigenen Schatten konfrontiert, da er mit seinem gegengeschlechtlichen Freund eng verbunden ist, aber seinen Gegner aufgrund seiner ihm entgegengesetzten Polarität ablehnt.

Dieser Fall erscheint meist nicht als aktuelle Gegnerschaft, sondern eher als die Unmöglichkeit des Ratsuchenden, den Kontakt mit einer bestimmten Person aufzunehmen zu können, die in dem Mandala sozusagen „diagonal" (Beziehung) zu der dem andersgeschlechtlichen Freund „neben" dem Ratsuchenden steht – also zu dem Beziehungspartner des andersgeschlechtlichen Freundes. Dies liegt daran, daß der

Beziehungspartner des andersgeschlechtlichen Freundes auf der „gleichgeschlechtlichen Schattenposition" des Ratsuchenden steht – also in gewisser Weise sein Gegner ist, da er von seiner Dynamik den entgegengesetzten Lebensentwurf zu ihm selber hat.

Dies zeigt sich dann konkret z.B. darin, daß ein Mann Schwierigkeiten hat, mit dem Mann seiner besten Freundin „warm zu werden", oder darin, daß sich eine Frau nur dann mit ihrem besten Freund treffen will, wenn dessen Frau nicht dabei ist.

10. Verhältnis im Beziehungsmandala

	eigenes Geschlecht		anderes Geschlecht
eigene Dynamik	Ich	Freund	Freund
andere Dynamik	Feind		Beziehungspartner

Zwischen dem Beziehungspartner und dem Gegner besteht eine seltsame Dynamik: Einerseits versteht der Beziehungspartner den Gegner recht gut, da beide dieselbe Dynamik haben und daher dazu neigen, dem Ratsuchenden ähnliche Ratschläge zu geben bzw. mit ihm ähnliche Auseinandersetzungen zu führen, aber andererseits ist der Beziehungspartner zumindest teilweise loyal zu dem Ratsuchenden. Daraus ergibt sich manchmal eine Verunsicherung des Ratsuchenden bezüglich der Position seine Beziehungspartners in Hinblick auf dessen Gegner.

Der Ratsuchende läuft leicht Gefahr, die Konflikte, die er mit seinem Gegner hat, auch auf seinen Beziehungspartner zu übertragen – und natürlich auch umgekehrt. Dies liegt daran, daß beide die dem Ratsuchenden entgegengesetzte Dynamik haben und daher beide in seinem Leben (und in seinem Mandala) seinen Schatten repräsentieren.

Das Verständnis zwischen dem Beziehungspartner und dem Gegner des Ratsuchenden scheint allerdings in nur wenigen Fällen soweit zu reichen, daß beide eine Freundschaft aufbauen.

Diese zehn möglichen Verhältnisse innerhalb des Beziehungsmandalas finden sich in der folgenden Tabelle noch einmal zusammengefaßt:

Die Verhältnisse innerhalb des Mandalas					
	Ratsuchender	**gleichgeschlechtlicher Freund**	**andersgeschlechtlicher Freund**	**Gegner**	**Beziehungspartner**
Ratsuchender	-	Verstehen	Verständnis, aber keine Erotik	macht das Leben schwer	Beziehung
gleichgeschlechtlicher Freund	Verstehen	-	Freundeskreis	wenig Kontakt	latente Beziehung, Seitensprung
andersgeschlechtlicher Freund	Verständnis, aber keine Erotik	Freundeskreis	-	latente Beziehung (real aber selten)	Konkurrenz, Eifersucht
Gegner	macht das Leben schwer	wenig Kontakt	latente Beziehung (real aber selten)	-	Verständnis (selten auch eine Freundschaft)
Beziehungspartner	Beziehung	latente Beziehung, Seitensprung	Konkurrenz, Eifersucht	Verständnis (selten auch eine Freundschaft)	-

Diese zehn verschiedenen Verhältnisse zwischen den verschiedenen Positionen in dem Beziehungsmandala lassen sich auf vier Grundtypen reduzieren. „Gleich" bzw. „verschieden" bezieht in der folgenden Tabelle auf die beiden Personen/Rollen aus dem Mandala, die verglichen werden.

Um die beiden Arten von Freunden (gleiches/anderes Geschlecht) leichter unterscheiden zu können, sind in der Tabelle auf der folgenden Seite die Personen nicht allgemein für ein „Ich", sondern für einen Mann aufgeführt.

		Geschlecht	
		gleich	**verschieden**
Dynamik	**gleich**	*Gleichheit:* Mann + Freund	*Freundschaft:* Mann + Freundin Freund + Freundin Gegner + Beziehungspartner
	ver-schie-den	*Gegnerschaft:* Ich + Gegner Freund + Gegner Freundin + Beziehungspartner	*Beziehung:* Ich + Beziehungspartner Freund + Beziehungspartner Freundin + Gegner

Die gesamte Dynamik zwischen den vier Positionen des Mandalas klingt in der abstrakten, allgemeingültigen Formulierung ziemlich komplex, aber wenn man sie anhand eines konkreten Beispieles beschreibt, wird sie recht einfach – zumal sie fast jedem in ihren Grundzügen bekannt ist.

In dem folgenden Beispiel heißt der Ratsuchende John, seine Frau Jeanette, sein Freund George, sein Boss, der ihm das Leben schwer macht, Hugo, und seine beste Freundin Hannah.

John berichtet zunächst von seinen Schwierigkeiten mit seinem Chef Hugo, bis sich zeigt, daß ein Teil der Schwierigkeiten mit ihm Probleme mit seiner Frau Jeanette sind, die John auf seinen Chef projiziert hat, da er dem Konflikt mit seiner Frau ausweichen wollte. Im Allgemeinen zeigte Jeanette wenig Verständnis für Johns Schwierigkeiten mit seinem Chef, da sie dessen Verhalten völlig verständlich, normal und angebracht fand.

Johns Auseinandersetzungen mit Jeanette begannen, als John einen kurzen Seitensprung mit seiner besten Freundin Hannah hatte, die er schon wesentlich länger kannte als eine Frau und auf die seine Frau schon immer eifersüchtig gewesen war. Seine Frau rächte sich daraufhin mit einem Seitensprung mit Johns bestem Freund George, mit dem John bis dahin über fast alle Dinge reden konnte. Dies traf John ziemlich heftig und er trennte sich von Jeanette.

Hannah traf sich mit George, um mit ihm über die Situation der gemeinsamen Freunde zu sprechen und beide kamen zu dem Schluß, daß beide Hilfe von außen brauchten.

4. Verwendung des Beziehungsmandalas

Zunächst einmal ist das Beziehungsmandala eine Möglichkeit, die Situationen, in denen sich Menschen befinden, besser zu verstehen. Aus dem Verstehen der Struktur des "Dramas zu viert" ergeben sich aber auch Ansätze zur Heilung dieses Dramas.

Diese Methoden beziehen sich auf die drei großen Bereiche des Beziehungsmandalas:

1. *der Kreis im Zentrum – die Seele*: Die Methoden, durch die man seine eigene Mitte finden und seine eigene Seele erleben kann, machen einen wichtigen Teil aller Meditationen und anderer Heilmethoden der verschiedensten spirituellen Richtungen aus. Sie bestehen aus Visionssuchen, Traumreisen, Herzmeditationen und vielem anderen.

2. *der innere Kreisring – der innere, heile Teil der Psyche*: Die Kenntnis des inneren Männer- und Frauenbildes ist in den spirituell-religiösen Methoden deutlich seltener. Man findet sie am ehesten in Büchern über Alchemie, dem indisch-tibetischen Tantra und in den Schriften von C.G. Jung.

3. *der äußere Kreisring – der äußere, polarisierte Teil der Psyche*: Die Vierteilung des äußersten Kreisringes des Mandalas scheint bisher noch nicht bekannt gewesen zu sein.

Das gesamte Mandala kann man vermutlich am einfachsten mit der Methode der Familienaufstellungen für die Heilung verwenden. Dabei definiert man das Mandala (imaginativ) auf dem Fußboden oder markiert die einzelnen Plätze des Mandalas mit Schnüren, Zetteln, Kissen o.ä. auf dem Boden. Dann stellt man sich an diese verschiedenen Orte und schaut, was man dort erlebt, wie man sich dort fühlt oder welche Impulse man dort spürt. Dabei beginnt man im Außen (Dreiecke) und geht schrittweise durch das Mandala (Kreisring-Segmente) zur Mitte (Kreisfläche) hin.

Eine recht ähnliche Methode ist die Traumreise, mit deren Hilfe man ebenfalls in die verschiedenen Aspekte des Beziehungsmandalas reisen und sich die entsprechenden eigenen Innenbilder ansehen kann. Solche Traumreisen, bei denen man das Wachbewußtsein und das Traumbewußtsein koordiniert hat und daher die eigenen inneren Bilder betrachten kann, haben auch die Namen Phantasiereisen, Trancereisen, schamanische Reisen und katathymes Bilderleben.

Schließlich gibt es auch den klassischen Umgang mit einem Mandala, bei dem man den Weg in das Innere eines Mandalas durch ein Ritual darstellt. Ein Ritual in diesem Sinne ist eine Handlung, in der das Mandala den Lageplan darstellen und die Worte und Gesten desjenigen, der in das Mandala hineingeht, die Handlung sind. Diese Methode ist am intensivsten.

Wenn man ein Ritual verwendet, ist es sinnvoll, die Bilderwelt des Rituals dem Weltbild des Ratsuchenden anzupassen. So könnte ein überzeugter Materialist mit dem alchemistischen Weltbild, in dessen Symbolik ich dieses Ritual zunächst einmal verfaßt habe, Schwierigkeiten bekommen. In derselben Weise wäre eine christliche Bilderwelt für einen Mohammedaner ungeeignet.

Im folgenden ist das Ritual einmal mit der alchemistischen Symbolik und einmal mit einer Symbolik, die psychologische und indische Elemente aus dem Yoga kombiniert, dargestellt. Um die Übertragung des Rituals auf andere Weltanschauungen zu erleichtern, findet sich anschließend noch eine Liste mit einigen Entsprechungen zu anderen Weltanschauungen.

Die Symbolik der Alchemie hat sicherlich etwas Altertümliches, aber sie trifft meines Erachtens die Zusammenhänge in dem Ritual am besten, weshalb ich sie im Allgemeinen vorziehen würde, wenn der Ratsuchende keine großen Bedenken gegen sie hat und sie als Struktur annehmen kann.

Es empfiehlt sich, dieses Ritual zunächst einmal für sich selber durchzuführen, um seine Dynamik kennenzulernen, bevor man es mit anderen Personen durchführt. Wenn man selber noch keine Erfahrungen mit Ritualen, Familienaufstellungen und ähnlichen Methoden hat, könne es hilfreich sein, zunächst Erfahrungen mit einfacheren Ritual-Strukturen als gleich mit dem doch eher komplexen Beziehungsmandala-Ritual zu sammeln.

4. a)   Beziehungsmandala-Ritual (alchemistische Symbolik)

Zunächst spricht man das gesamte Ritual mit dem Ratsuchenden einmal durch, sodaß er die Struktur der Zeremonie versteht. In der Zeremonie sagt man dann quasi als Souffleur dem Ratsuchenden immer, welcher Teil der Zeremonie nun als nächstes folgt und spricht ihm die entsprechenden Sätze aus der Zeremonie vor. Dabei gibt es Ratsuchende, die die Worte wörtlich wiederholen möchten und andere, die sie mehr oder weniger stark variieren wollen, sodaß sie besser ihrem eigenen Verständnis und Stil entsprechen.

Beides funktioniert – schließlich ist es vor allem wichtig, daß der Ratsuchende dem Ritual innerlich zustimmt und es als eine mögliche Hilfe ansieht und seine Wirkung erleben möchte.

Es ist für die Zeremonie hilfreich, wenn der Beratende ebenfalls die verschiedenen Teile der Zeremonie imaginiert und auch selber schaut, was in den imaginierten Formen geschieht. Wie bei einer Familienaufstellung sind dies Qualitäten, die alle Anwesenden gleichzeitig (und übereinstimmend) wahrnehmen können.

1. Teil - **Aufbau des Mandalas**:   Man imaginiert das Mandala entweder auf dem Boden oder man legt es mit Hilfe eines Fadens auf ihm aus – wenn der Boden dafür geeignet ist, kann man das Mandala natürlich auch auf ihn aufmalen.

Das Dreieck als Symbol für einen Ort, an dem man ein bestimmtes Wesen stehen haben will, hat eine lange Tradition und wurde unter anderem in den im Mittelalter bisweilen durchgeführten Beschwörungen verwendet (siehe Fausts Beschwörung von Mephistopheles), um den gerufenen Geist an einen bestimmten Ort außerhalb des Schutzkreises zu bannen.

2. Teil- **Bitte um Hilfe**:   Vor dem Beginn des eigentlichen Mandala-Rituals ist es hilfreich, wenn der Ratsuchende (und evtl. auch der Beraten-de) entsprechend seinem Weltbild die eigene Mitte, die eigene Seele und evtl. eine Gottheit oder einen Engel, zu dem der Ratsuchende bereits eine Verbindung hat, um Hilfe für das Gelingen der Zeremonie bittet.

3. Teil - **Aufstellen der vier Personen**:   Der Ratsuchende stellt sich in den äußeren Kreisring, geht in das Viertel, das er in seinem Leben selber repräsentiert, und spricht: "Hier stehe ich." Dabei macht er mit den Händen eine Geste, als ob er in das Dreieck eine Person stellen würde.
Der Ratsuchende ist in dem Mandala durch einen grauen Kreis dargestellt. Der helle Teil dieses Kreises kennzeichnet seine Blickrichtung. In der Graphik unten hat er die männlich-progressive Rolle inne (dunkelrot).

Danach führt er dasselbe bei dem Dreieck durch, das die andere Person mit demselben Geschlecht wie er selber repräsentiert: "Hier steht (Name)."

Dann folgt das Dreieck, das die Person mit dem anderen Geschlecht, aber derselben Polarität (progressiv bzw. regressiv) wie er selber repräsentiert.

Und zum Schluß ist schließlich das Dreieck an der Reihe, das die Person repräsentiert, die sowohl ein anderes Geschlecht als auch eine andere Polarität hat – in der Regel der Beziehungspartner.

Nun stehen wie bei einer Familienaufstellung in den vier Dreiecken die vier (imaginierten) derzeitigen Repräsentanten des „Dramas zu viert" des Ratsuchenden.

4. Teil - **Zurückholen der Projektionen**:   Dieser Vorgang wird in derselben Reihenfolge wie das Aufstellen der vier Personen durchgeführt.

Dazu steht der Ratsuchende wieder in dem äußeren Kreisring, der die „äußere Schicht der Psyche" darstellt, in dem ihm selber entsprechenden Viertel. Er blickt zu dem Dreieck vor diesem Kreisringviertel und spricht: "Ich nehme alles, was ich auf (Name) projiziert habe, wieder vollständig in mein Mandala zurück." Dabei führt er mit seinen Händen eine Geste durch, als ob er etwas aus dem Dreieck in das Kreisringviertel zurückholen würde.

Dies führt er bei allen vier Kreisringvierteln/Dreiecken durch. Wenn der Ratsuchende bei diesem Vorgang eine Gänsehaut bekommen sollte, ist dies durchaus normal und kein Grund zur Sorge – schließlich erklärt er dabei das, was ihn an einer anderen Person immer besonders genervt oder verletzt hat, zu einem Teil von sich selber. Mit diesem Vorgang übernimmt er die Verantwortung für sein eigenes Drama – dies ist oft der schwerste Teil des ganzen Rituals.

5. Teil - **Auflösung der Polarisation des eigengeschlechtlichen Seelen-Spiegelbildes**: Dieser Vorgang wird mit Hilfe der alchemistischen Symbolik der Herstellung des Lebenselixiers durchgeführt. Der Ratsuchende stellt sich über die Trennungslinie zwischen den beiden Kreisringvierteln (einen Fuß links von ihr und einen Fuß rechts von ihr), die die beiden eigengeschlechtlichen Bilder (im dem Beispiel unten dunkelrot/hellrot) darstellen und blickt nach innen zu der nicht-polarisierten Kreisringhälfte vor ihm.

Dann errichtet er in seiner Vorstellung mit Gesten und Worten in der Mitte der gleichgeschlechtlichen Kreisringhälfte (in dem Beispiel oben rot) im inneren Kreisring den alchemistischen Ofen: "Dies ist der würfelförmige alchemistische Ofen (Geste des Hinstellens). Dies ist die Kiste mit Sand, die auf dem alchemistischen Ofen steht (Geste des Daraufstellens). Dies ist das gläserne alchemistische Ei, das in dem Sand in der Kiste steht (Geste des Hineinstellens in den Sand)."

Der alchemistische Ofen ist der Mandala-Graphik schematisch als zwei ineinanderliegende Quadrate (Ofen, Kiste mit Sand) und einem Kreis im Zentrum (Glas-Ei) dargestellt.

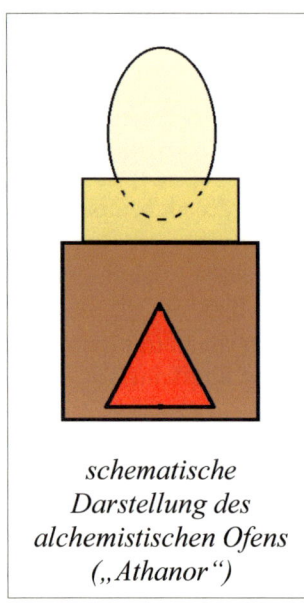

schematische Darstellung des alchemistischen Ofens ("Athanor")

Nun werden mit einer passenden Geste beide Bilder aus den eigengeschlechtlichen Kreisringvierteln genommen und in das alchemistische Glasei gelegt, wobei der Ratsuchende mit dem eigenen Viertel beginnt: "Ich öffne dieses gläserne alchemistische Ei. – Ich lege die Projektion, die ich selber gelebt habe, vollständig und ganz in dieses Glasei (Geste des Hineinlegens). – Ich lege die Projektion, die bisher (Name) für mich gelebt hat, vollständig und ganz in dieses gläserne alchemistische Ei."

Als nächstes bittet der Ratsuchende auf eine für ihn passende Weise um Hilfe (evtl. Saturn, den Erzengel Gabriel, Christus, die eigene Seele oder ein anderes passendes Wesen): "Ich bitte Dich (Name), dieses alchemistische Ei zu verschließen und zu beschützen." Dabei kann der Ratsuchende drei schwarze Ringe imaginieren, die das alchemistische Ei schützen (einer waagerecht, einer senkrecht/vorne/hinten und einer senkrecht/rechts/links).

Danach ruft der Ratsuchende die Lebenskraft an, um die erstarrten Strukturen der beiden polaren Projektionen in dem Ei aufzulösen: "Ich bitte Dich, Erdfeuerdrache, ich bitte Dich, Kundalinischlange, steige auf und umhülle dieses alchemistische Ei mit Deinen Flammen, damit die erstarrten Formen in ihm sich durch Deine Lebenskraft wieder in ihre ursprünglichen Bestandteile auflösen."

Es ist natürlich nicht notwendig, genau diese Worte zu wählen, aber man sollte ihren Sinn doch beibehalten. Auch hier ist es wieder nötig, für das aufsteigende Feuer das Bild zu wählen, das dem Weltbild des Ratsuchenden entspricht: Kundalini, Erdfeuerdrache, Lebenskraft, Lebenswille, Selbsterhaltungstrieb usw.

Nun beobachtet der Ratsuchende, was in dem Ei vor sich geht, wie die beiden Gegensätze miteinander zu kämpfen beginnen und sich dann gegenseitig auflösen. Wenn schließlich nur noch eine einheitliche, meist schwarze Masse übrig ist, in der sich keine Strukturen mehr befinden, geht man zum nächsten Punkt über.

Nun ruft der Ratsuchende das Himmelslicht an. Je nach dessen Weltanschauung oder seiner bevorzugten Religion kann dies der von Gott gesandte Heilige Geist sein, der Himmelsadler des Odin oder des Zeus, der Garuda des Vishnu, der "Blitzstrahl der Schöpfung" des Yahwe oder einfach die Bewußtheit selber sein.

Der Ratsuchende in dem Mandala spricht nun: "Ich bitte Dich, Einer-Alles-Einziger, sende Dein gleißendweißes Licht herab, damit es dieses alchemistische Ei erfüllt und die Substanz in ihm wieder in ihrer ursprünglichen, heilen Form erstehen läßt."

Dann schaut der Ratsuchende was geschieht, bis sich in dem Ei eine Gestalt bildet und sich der alchemistische Ofen (in der Regel ohne eigenes Zutun) auflöst. Dann steht er dem heilen eigengeschlechtlichen Seelen-Spiegelbild gegenüber. Er kann dieses Bild begrüßen, es etwas fragen, es umarmen, sich mit ihm vereinen oder einfach anschauen – er sollte in dieser Situation einfach der eigenen Intuition folgen.

6. Teil - **Auflösung der Polarisation des gegengeschlechtlichen Seelen-Spiegelbildes**: Dies geht auf dieselbe Weise vor sich wie bei Teil 5, wobei der Ratsuchende nun auf der Trennlinie zwischen den beiden gegengeschlechtlichen Kreisringvierteln steht (als Mann also bei den beiden Frauenbildern) und den alchemistischen Ofen auf der gegengeschlechtlichen Kreis-ringhälfte errichtet.

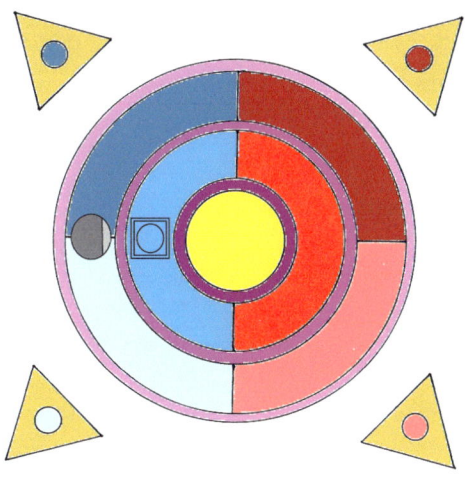

<u>7. Teil</u> - **Verbindung der beiden Seelen-Spiegelbilder:** Der Ratsuchende stellt sich so auf die Trennlinie zwischen den beiden inneren Kreisringhälften, daß das Männerbild rechts und das Frauenbild links vor ihm steht, und blickt zur Mitte.

Er betrachtet das eigene männliche Seelen-Spiegelbild und das eigene weibliche Seelen-Spiegelbild und schaut, was zwischen den beiden geschieht.

Wenn er das Gefühl hat, daß es nun der richtige Augenblick ist, kann er entweder erst die eigene Seele bitten, in der Mitte zu erscheinen oder gleich selber in das Zentrum des Mandalas, also an den Ort der Seele treten. Dort wird er recht bald erleben, wie die beiden Seelenspiegelbilder sich in ihm selber im Zentrum auflösen bzw. sich im Zentrum in ihm selber vereinen und nun eine neue Qualität bilden – die ursprüngliche Qualität seiner Seele.

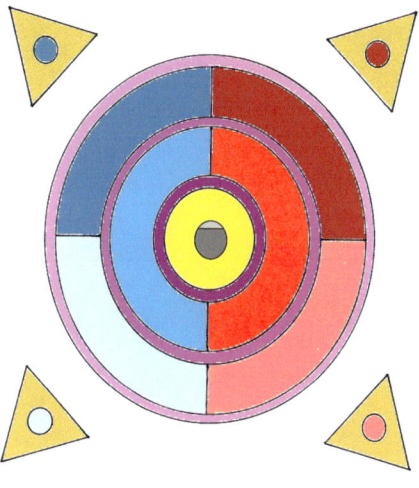

Für diesen Vorgang ist kein alchemistisches Ei notwendig, weil die beiden Seelen-Spiegelbilder heil und unverzerrt sind und es die Aufgabe des alchemistische Eies ist, verzerrte Strukturen aufzulösen und die heile, ursprüngliche Struktur wieder neu entstehen zu lassen.

Nun bleibt der Ratsuchende in der Mitte des Mandalas stehen und spürt und schaut solange wie er will, was geschieht. Dieser Teil der Zeremonie kann eine recht unterschiedliche Eigendynamik haben.

65

8. Teil - **Segnung der Psyche mit der Qualität der Seele**: Dazu nimmt der Ratsuchende, während er in der Mitte steht, die Qualität dieser Mitte mit einer Geste, als würde er Wasser schöpfen, in die schalenförmig gehaltenen Hände, geht von der Mitte aus nach vorne zu der Verbindungslinie zwischen den beiden vor ihm liegenden Kreisringvierteln und erfüllt die beiden Kreisringe durch eine passende Geste mit der Qualität seiner Mitte: "Ich erfülle meine ganze Psyche mit der Qualität meiner Mitte und lasse sie in die Welt hinausstrahlen."

Dies wiederholt der Ratsuchende dann zu der nächsten, 90° nach rechts liegenden Trennungslinie zwischen zwei Kreisringvierteln hin, bis er schließlich alle vier Richtungen mit dem Segen der Mitte erfüllt hat. Dann kehrt er zur Mitte zurück und bleibt dort, solange er möchte.

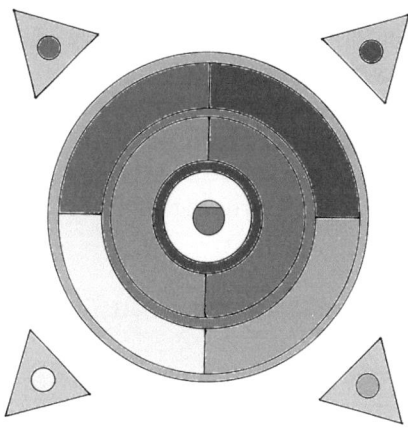

9. Teil - **Dank**: Zum Abschluß bedankt sich der Ratsuchende (wenn er möchte) bei allen Wesen, die bei dieser Zeremonie geholfen haben – bei denen, die man darum gebeten hat, sowie bei denen, die auch ohne Bitte gekommen sind. Auch dies erfolgt wieder entsprechend dem Weltbild des Ratsuchenden.

Danach löst man das Mandala auf – mit einer „auswischenden" Geste, wenn es imaginiert war, und mit der entsprechenden Tätigkeit, wenn es auch eine materielle Form (gemalt, Faden) gehabt hat.

Diese Heilungsmethode wirkt von innen nach außen: sie setzt nicht an dem äußeren Symptom an, sondern sie erinnert den Ratsuchenden an das, was er eigentlich ist: seine Seele sowie sein inneres Männerbild und sein inneres Frauenbild, die beide Spiegellungen seiner Seele sind.

In diesem Aspekt entspricht diese Methode der Traumatherapie, die im Wesentlichen darin besteht, an die Stelle der angstvollen Erinnerung an eine Situation, in der man hilflos und handlungsunfähig war, ein neues Bild der Handlungsfähigkeit und

Souveränität zu setzen.

In den weiteren Treffen mit dem Ratsuchenden kann man dann auf die durch diese Zeremonie gefundenen Bilder zurückgreifen. So kann man den Ratsuchenden z.B. eine Situation, in der er Schwierigkeiten hat wie z.B. in Gesprächen mit seinem Chef oder mit seiner Frau, ähnlich wie bei einer Familienaufstellung oder in der Gestalttherapie darstellen lassen: Zunächst einmal stellt der Ratsuchende sich seinen Chef vor sich stehend vor und schaut, wie er sich selber dabei fühlt – vielleicht schwach, unsicher, schwankend … Danach stellt er sich wieder seien Chef vor sich vor, aber diesmal ruft er das Bild seiner eigenen Mitte oder der heilen, vollständigen Form seines inneren Mannes in sich wach und schaut, wie sich die Begegnung dann anfühlt – was erfahrungsgemäß für den Ratsuchenden einen sehr großen Unterschied macht.

Solange das innere Männerbild und das innere Frauenbild noch polarisiert sind, braucht man die drei anderen Menschen, die die drei anderen Viertel der eigenen Psyche für einen selber leben – und man erlebt das dann auch so, daß man diese anderen Menschen braucht und auf sie fixiert ist und sich in die Beziehungs-dynamik zu ihnen hineinsteigert ... und die Beziehung eigentlich nicht genießen kann.

Wenn jedoch die Polarisierung aufgelöst ist, braucht man die anderen nicht mehr, da man alle vier Viertel, die sich jetzt wieder zu zwei heilen Hälften vereint haben, selber lebt – und man erlebt seine Beziehung jetzt ganz entspannt und kann sie fließen lassen und leuchtet dabei aus seinem Herzen heraus ... und kann die Beziehung genießen.

Vorher dachte man, daß man etwas im Außen braucht, um glücklich sein zu können, und diese Dinge aber meistens nicht bekommt – nun erlebt man, daß man aus seinem Inneren heraus glücklich ist und das, was man vorher zu brauchen glaubte, nun gratis dazu erhält, ohne etwas dafür tun müssen.

Das Glück beginnt im eigenen Herzen und der Weg dahin ist die Selbstbejahung.

4. b) Beziehungsmandala-Ritual (psychologische Symbolik)

Die Struktur ist bei diesem Ritual und auch allen anderen, die durch die Bilder aus einer anderen Weltanschauung illustriert werden, dieselbe, nur die Bildern verändern sich. Diese Veränderung der Bilder bezieht sich vor allem auf den 5. und den 6. Teil des Rituales, in dem die alchemistische Symbolik die zentrale Rolle spielt.

1. Teil - **Aufbau des Mandalas**:   Man imaginiert das Mandala entweder auf dem Boden oder man legt es mit Hilfe eines Fadens auf ihm aus.

2. Teil - **Bitte um Hilfe**:   Vor dem Beginn des eigentlichen Mandalas ist es hilfreich, wenn der Ratsuchende (und evtl. auch der Beratende) entsprechend seinem Weltbild die eigene Mitte, die eigene Seele und evtl. eine Gottheit oder einen Engel, zu dem der Ratsuchende bereits eine Verbindung hat, um Hilfe für das Gelingen der Zeremonie zu bitten.

3. Teil - **Aufstellen der vier Personen**:   Der Ratsuchende stellt sich in den äußeren Kreisring, geht in das Viertel, das er in seinem Leben selber repräsentiert, und spricht: "Hier stehe ich." Dabei macht man mit den Händen eine Geste, als ob er eine Person in das Dreieck stellen würde.
   Danach führt man dasselbe bei dem Dreieck durch, das die andere Person mit demselben Geschlecht wie man selber repräsentiert: "Hier steht (Name)."
   Dann folgt das Dreieck, das die Person mit dem anderen Geschlecht, aber derselben Polarität (progressiv bzw. regressiv) wie man selber repräsentiert.
   Und zum Schluß ist schließlich das Dreieck an der Reihe, das die Person repräsentiert, die sowohl ein anderes Geschlecht als auch eine andere Polarität hat und in der Regel der Beziehungspartner ist.
   Nun stehen wie bei einer Familienaufstellung in den vier Dreiecken die derzeitigen Repräsentanten des Dramas des Ratsuchenden.

4. Teil - **Zurückholen der Projektionen**:   Dieser Vorgang wird in derselben Reihenfolge wie das Aufstellen der vier Personen durchgeführt.
   Dazu steht der Ratsuchende wieder in dem äußeren Kreisring, der die „äußere Schicht der Psyche" darstellt, in dem ihm selber entsprechenden

Viertel mit dem Blick zu dem Dreieck und spricht: "Ich nehme alles, was ich auf (Name) projiziert habe, wieder vollständig in mein Mandala zurück." Dabei führt er mit seinen Händen eine Geste durch, als ob er etwas aus dem Dreieck in das Kreisringviertel zurückholen würde.

Dies führt er bei allen vier Kreisringvierteln/Dreiecken durch.

5. Teil - **Auflösung der Polarisation des eigengeschlechtlichen Seelen-Spiegelbildes:** Der Ratsuchende stellt sich über die Trennungslinie zwischen den beiden Kreisringvierteln (einen Fuß links von ihr und einen Fuß rechts von ihr), die die beiden eigengeschlechtlichen Bilder darstellen, blickt nach innen und errichtet dann in seiner Vorstellung mit Gesten und Worten in der Mitte der gleichgeschlechtlichen Kreisringhälfte im inneren Kreisring einen kleinen Kreis: "Dies ist der Ort der Verwandlungen (Geste des Ziehens eines Kreises vor sich auf dem Boden). Auf ihm steht das gläserne Ei der Verwandlung (Geste des Hinstellens)."

Nun nimmt der Ratsuchende beide Bilder aus den eigengeschlechtlichen Kreisringvierteln und legt sie in das Glasei, wobei er mit dem eigenen Viertel beginnt: "Ich öffne dieses gläserne Ei. - Ich lege die Projektion, die ich selber gelebt habe, vollständig und ganz in dieses Glasei (Geste des Hineinlegens). Ich lege die Projektion, die bisher (Name) für mich gelebt hat, vollständig und ganz in dieses gläserne alchemistische Ei."

Als nächstes definiert der Ratsuchende das Ei als geschützt und geschlossen: "Dieses gläserne Ei ist geschützt und geschlossen." Dabei kann der Ratsuchende drei schwarze Ringe imaginieren, die das Ei schützen (einer waagerecht, einer senkrecht/vorne/hinten und einer senkrecht/rechts/links).

Danach ruft der Ratsuchende die Lebenskraft an, um die erstarrten Strukturen der beiden polaren Projektionen in dem Ei aufzulösen: "Ich bitte Dich, Leben, steige auf und umhülle dieses Ei mit Deinen Flammen, damit die erstarrten Formen in ihm sich durch Dich wieder in ihre ursprünglichen Bestandteile auflösen."

Wenn schließlich nur noch eine einheitliche, meist schwarze Masse übrig ist, in der sich keine Strukturen mehr befinden, geht der Ratsuchende zum nächsten Punkt über.

Nun ruft der Ratsuchende das Himmelslicht an: "Ich bitte Dich, Bewußtsein, sende Dein gleißendweißes Licht herab, damit es dieses Ei erfüllt und der Substanz in ihm wieder in ihrer ursprünglichen, heilen Form erstehen läßt." Dann schaut er, was geschieht, bis sich in dem Ei eine Gestalt bildet und sich das Ei (in der Regel ohne eigenes Zutun) auflöst. Dann steht der

Ratsuchende dem heilen eigengeschlechtlichen Seelen-Spiegelbild gegenüber und folgt seiner Intuition.

6. Teil - Auflösung der Polarisation des gegengeschlechtlichen Seelen-Spiegelbildes: Dies geht wie bei Teil 5 vor sich, wobei der Ratsuchende auf der Trennlinie zwischen den beiden gegengeschlechtlichen Kreisring-vierteln steht (als Mann also bei den beiden Frauenbildern) und das gläserne Ei auf der gegengeschlechtlichen Kreisringhälfte errichtet.

7. Teil - Verbindung der beiden Seelen-Spiegelbilder: Der Ratsuchende stellt sich so auf die Trennlinie zwischen den beiden inneren Kreisringhälften, daß das Männerbild rechts und das Frauenbild links vor ihm steht, und blickt zur Mitte. Er betrachtet das eigene männliche Seelen-Spiegelbild und das eigene weibliche Seelen-Spiegelbild und schaut, was zwischen den beiden geschieht.

Wenn er das Gefühl hat, daß der richtige Augenblick gekommen ist, kann er entweder erst die eigene Seele bitten, in der Mitte zu erscheinen oder gleich in das Zentrum des Mandalas, an den Ort der Seele treten. Dort wird er recht bald erleben, wie die beiden Seelenspiegelbilder sich in ihm selber im Zentrum auflösen bzw. sich im Zentrum in ihm selber vereinen und nun eine neue Qualität bilden - die ursprüngliche Qualität der Seele.

Nun bleibt der Ratsuchende in der Mitte des Mandalas stehen und spürt und schaut solange wie er will, was geschieht. Dieser Teil der Zeremonie kann eine recht unterschiedliche Eigendynamik haben.

8. Teil - Segnung der Psyche mit der Qualität der Seele: Dazu nimmt der Ratsuchende, während er in der Mitte steht, die Qualität dieser Mitte mit einer Geste, als würde er Wasser schöpfen, in die schalenförmig gehal-tenen Hände, geht von der Mitte aus nach vorne zu der Verbindungslinie zwischen den beiden vor ihm liegenden Kreisringvierteln und erfüllt die beiden Kreisringe durch eine passende Geste mit der Qualität seiner Mitte: "Ich erfülle meine ganze Psyche mit der Qualität meiner Mitte und lasse sie in die Welt hinausstrahlen." Dies wiederholt der Ratsuchende dann zu der nächsten, 90° nach rechts liegenden Trennungslinie zwischen zwei Kreisringvierteln hin, bis er schließlich alle vier Richtungen mit dem Segen der Mitte erfüllt hat. Dann kehrt er zur Mitte zurück und bleibt dort, solange er möchte.

9. Teil - **Dank**:   Zum Abschluß bedankt er sich (wenn er möchte) bei allen Wesen, die bei dieser Zeremonie geholfen haben - bei denen, die er darum gebeten hat, sowie bei denen, die auch ohne Bitte gekommen sind. Auch dies erfolgt wieder entsprechend dem Weltbild des Ratsuchenden.

Danach löst man das Mandala auf – mit einer „auswischenden" Geste, wenn es imaginiert war, und mit der entsprechenden Tätigkeit, wenn es auch eine materielle Form (gemalt, Faden) hatte.

4. c)   Entsprechungen der Symbolik in anderen Weltanschauungen

Die Symbolik des Rituales sollte man vorher mit dem Ratsuchenden besprechen und ihn fragen, welche Vorstellungen er über die Welt hat, um dann die entsprechenden Bilder zu verwenden. So kann es z.B. sein, daß sich der eine oder andere an dem Begriff der Lebenskraft stößt, weil er sie schlichtweg für nicht existent hält. Vielleicht kann er diesen Begriff durch Leben oder Licht ersetzten oder den Begriff der Lebenskraft einfach als Metapher für "in den Mittelpunkt rücken, auf etwas aufmerksam sein, etwas fördern" ansehen.

In der folgenden Liste sind einige wichtige Bilder aus dem Ritual und ihre Entsprechungen in anderen Weltanschauungen aufgeführt. Die wichtigsten Bilder sind:

die von unten aufsteigende Lebenskraft, die das "Feuer des Lebens" darstellt;

die von oben herabströmende Lebenskraft (Licht), die der von der Einheit kommende Segen ist, der den heilen Zustand wiederherstellt;

der Ort der Verwandlung (das Ei), der so gut wie jeder Person als Symbol annehmbar sein sollte, auch wenn es in den meisten Weltanschauungen nicht als Symbol auftritt;

der Vorgang der Auflösung und der Wiederzusammenfügung, der in der Alchemie als "solve et coagula" einer der zentralen Vorgänge ist und in der Natur sich z.B. in der Auflösung der Raupe in ihrem verpuppten Zustand findet, in dem sie vollständig flüssig wird, bevor sich dann aus dieser Flüssigkeit heraus der Schmetterling bildet;

das Wesen ("Beschützer"), das das Ei während des Vorganges der Verwandlung schützt.

Es sind also im Grunde nicht viele konkrete Bilder, die in diesem Ritual verwendet werden und evtl. entsprechend der Weltanschauung des Ratsuchenden durch andere ersetzt werden müssen.

Einige Entsprechungen in der folgenden Tabelle passen nur so ungefähr, da es in der betreffenden Weltanschauung keine genauen Analogien gibt. So wurde z.B. im Christentum das Feuer weitgehend dämonisiert und zum Element der Hölle umgedeutet und findet sich nur noch ganz vereinzelt als positives Symbol wie in dem brennenden Dornbusch und in der Feuersäule, die beide dem Moses erschienen, sowie in den Flammenzungen des heiligen Geistes zu Pfingsten. Einen ähnlichen Zustand der Symbolik bezüglich des Feuers findet sich auch im Koran, wo es vor allem im Zusammenhang mit dem Tod erscheint.

Mit dem Feuer ist eng die Schlange verbunden. Dies liegt daran, daß die Schlange als auf der Erde lebendens Tier symbolisch mit der Unterwelt unter der Erde assoziiert wurde und das Feuer, das die Opfergaben durch Verbrennen symbolisch "tötete" und dadurch zu den Verstorbenen ins Jenseits sandte, ein Symbol für das Jenseitstor war. Kombiniert ergeben beide Symbole die feuerspeiende Schlange wie die Kundalini oder die ägyptische Uräusschlange bzw. den feuerspeienden Drachen.

In den späteren Religionen tritt der Drache bzw. die Schlange fast nur noch in dämonisierter Form auf. Der Grund für diese Dämonisierung war weitgehend die Angst vor dem Tod, die dazu führte, daß alles, was mit dem Tod mythologisch in Zusammenhang stand, ebenfalls gefürchtet wurde.

Symbol	Symbolik				
	christlich	*islamisch*	*indisch*	*buddhistisch*	*germanisch*
Feuer	Feuersäule in der Wüste; Feuerzungen (Heiliger Geist)	Feuer	Kundalini	Tummo	Drache Niddhöggr
Licht	Heiliger Geist (Taube)	Allahs Segen (Adler Simorgh)	Bindhu (Licht, Schwan)	Bindhu (Licht)	Adler Farseti
Ei	(Ei)	(Ei)	Ei	(Ei)	(Ei)
Ver-wand-lung	Tod und Auferstehung Christi	Himmels-reise des Propheten	Verwandlung durch Er-weckung des Kundalini-Feuers	Verwand-lung durch Erweckung des Tummo-Feuers	Tod und Wiederge-burt des Baldur
Beschüt-zer	Petrus	Mohammed	Brahma, Shiva	Buddha	Odin, Freya

5. Mandala-Meditation

Abgesehen von den Traumreisen und Meditationen, mit denen man das Mandala erforschen kann, gibt es auch eine einfache Möglichkeit, das Mandala als Meditationshilfe zu benutzen.

Dafür markiert man zunächst das Mandala entweder auf dem Boden oder imaginiert es sich dort. Dann setzt man sich in den innersten Kreis, wobei die männliche Hälfte des innersten Kreisringes rechts und die weibliche Hälfte links sein sollte. Diese Anordnung findet man z.B. auch in Familienaufstellungen, in denen sich der Vater rechts und die Mutter links der Person befindet, für die die Aufstellung durchgeführt wird.

Die beiden Viertel des äußeren Kreisringes, die der eigenen Dynamik (progressiv oder regressiv) entsprechen, befinden sich vor dem Meditierenden in dem bewußten Bereich (vorne). Die beiden Viertel mit der entgegengesetzte Dynamik, die den beiden Schatten entsprechen, befinden sich dann hinter dem Meditierenden in dem unbewußten Bereich (hinter dem Rücken). Somit sieht ein Mann vorne rechts im äußeren Kreisring das Viertel, das er selber verkörpert, während eine Frau das sie darstellende Viertel vorne links im äußeren Kreisring sieht.

In der folgenden Mandala-Graphik sitzt im Zentrum folglich entweder ein progressiver Mann oder eine progressive Frau, da sich die beiden dunklen (progressiven) Kreisviertel vor der meditierenden Person im Zentrum des Mandalas befinden.

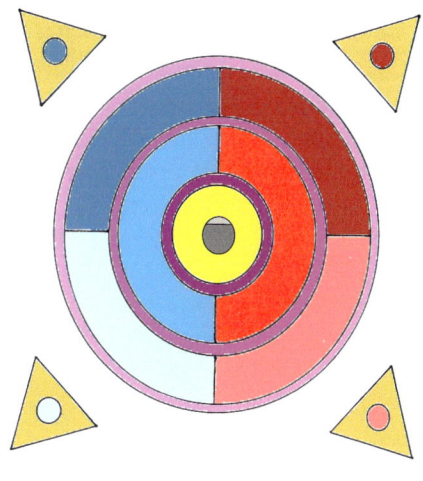

Die eigentliche Meditation besteht darin, in der Mitte des Mandalas zu sitzen, innerlich zu schweigen und der Qualität nachzuspüren, die sich dort befindet. Da das Zentrum des Mandalas die eigene Mitte/Seele und somit auch das Herzchakra symbolisiert, das das Zentrum des menschlichen Chakrensystems ist, wirkt diese schlichte Meditation sehr stark auf das Herzchakra.

Diese Meditation läßt sich nach einer Weile erweitern, indem man sich beim Einatmen im eigenen Herzchakra sammelt und beim Ausatmen die Qualität des Herzchakras und somit der eigenen Mitte in das Mandala hineinfließen läßt. Beim Einatmen kehrt die Aufmerksamkeit bzw. die Lebenskraft wieder in das Herzchakra zurück. Dies kann sich wie eine rhythmische innere Massage anfühlen.

Dieser Rhythmus, der zwischen der Ausdehnung, der Ausatmung und dem Selbstausdruck der Seele einerseits und dem Rückzug, dem Einatmen und der Wiederauflösung in die Seele hinein andererseits hin- und herwechselt, entspricht auch dem Wechsel zwischen Wachen und Schlafen. Dieser Rhythmus ist auch eine Analogie zu dem Wechsel zwischen Leben/Inkarnation und Tod, d.h. der Zeit zwischen zwei Inkarnationen (wenn man davon ausgeht, daß es Reinkarnation gibt).

Einatmen	Ausatmen
Rückbesinnung auf die Mitte	Ausdehnung von der Mitte aus
Rückzug in die Seele	Selbstausdruck der Seele
Schlafen	Wachen
Tod, Zeit zwischen Tod und folgendem Leben	Leben, Inkarnation

Die Aufmerksamkeit/Lebenskraft fließt bei dieser rhythmischen Meditation vor allem in die beiden heilen Innenbilder, die die eigene Seele als Mann bzw. als Frau spiegeln. Die vier polarisierten Innenbilder erscheinen im Vergleich zu den beiden heilen Seelenspiegelbildern deutlich blasser und die vier Repräsentanten in den äußeren Dreiecken sind nur noch als Schemen wahrnehmbar. Am stärksten "leuchtet" das Zentrum, die Seele.

6. Die drei Übergänge in dem Beziehungsmandala

Die drei dynamischsten Stellen in dem Beziehungsmandala sind die drei Übergänge: 1. die Zeugung, 2. die Geburt und 3. die Projektion der Innenbilder auf andere Personen. Es lohnt sich daher, diese drei Übergänge einmal genauer zu betrachten und sich deren Dynamik anzusehen.

Die vier statischen Bereiche auf dem Mandala, also 1. die Seele, 2. die beiden Seelenspiegelbilder, 3. die vier Innenbilder und 4. die vier Personen, die diese vier Bilder verkörpern, werden durch diese drei Übergänge voneinander getrennt.

Diese insgesamt sieben Elemente stellen eine von vielen verschiedenen möglichen Strukturierungen der Psyche dar, mit deren Hilfe man versuchen kann, die Situation eines ratsuchenden Menschen besser zu verstehen.

Die vier statischen Bereiche stellen Teile eines jeden Menschen dar, die er in sich selber erleben und auf die er sich beziehen kann (sofern er nicht bereits erleuchtet ist und daher äußeren, vierteiligen Kreisring schon in den inneren, zweiteiligen Kreisring aufgelöst hat).

Die drei Übergänge stellen Orte bzw. Dynamiken in einem Menschen dar, mit deren Hilfe er sich selber heilen und seine tieferen Schichten erleben kann.

6. a) Der erste Übergang: die Zeugung

An diesem Übergang gibt es keine Notwendigkeit für eine Heilung, da dort keine Verzerrung oder ähnliches entsteht. Dieser Übergang bietet aber reichlich Gelegenheit für Erlebnisse in der Meditation, da an ihm die innersten Vorgänge im Menschen abzulaufen scheint.

Entsprechend tritt die Vereinigung von Mann und Frau bzw. Gott und Göttin in vielen Mythologien auch als Ursprung der Welt oder zumindest als eines der ersten Ereignisse in der Welt auf. Im tibetischen und indischen Tantra-Yoga erscheinen in der Mitte des Mandalas ein Gott und eine Göttin bzw. Buddha und seine Gefährtin, die sich miteinander vereinen und die zwei Aspekte der ursprünglichen Einheit darstellen. Diese miteinander vereinten Gottheiten kann man als den Übergang von dem innersten Kreisring zu der Kreisfläche in der Mitte ansehen.

Die Qualität, als die die eigene Mitte und das Herzchakra erlebt werden, ist eine "aufglühende Liebe", ein "warmes, erfüllendes Leuchten". Diese Qualität ist die Selbstliebe der Seele.

Durch die Spiegelung der Seele in der zweipolaren Lebenskraft entstehen ein männliches und ein weibliches Spiegelbild der Seele. Da auch die Selbstliebe der Seele in der Lebenskraft gespiegelt wird, besteht zwischen den beiden Spiegelbildern der Seele eine intensive Liebe – aus der Selbstliebe der Seele wird die Leibe zwischen ihren beiden Spiegelbildern.

Durch die Projektion eines dieser beiden Seelenspiegelbilder als Suchbild auf eine äußere Person entsteht das Lieben dieser Person. Solange man sich dieses Vorganges bewußt ist, wird man mit dieser Situation Frieden haben und lieben, ohne etwas zu brauchen oder zu wollen – außer dem Wohlergehen der geliebten Person. Man wird dieses Lieben und die Begegnung dann in Freiheit, Vertrauen und Verantwortung leben und genießen können.

Sobald aber in dem Selbstbild und dem Suchbild einer Person Polarisierungen auftreten (was die Regel ist) wird die Bewußtheit über diesen gesamten Vorgang vernebelt, da durch die Polarisierung eben zwei Schatten entstehen, also abgelehnte Teile der Psyche. Diese beiden Schatten werden aufgrund dieser Ablehnung weitgehend unbewußt. Ab diesem Zeitpunkt erlebt man die eigene Liebe nicht mehr als einen kreativen Selbstausdruck, sondern als ein Brauchen der geliebten Person ... und das Drama beginnt ...

Die Projektion eines Teiles der Selbstliebe der Seele auf eine äußere Person ist ein "Spiel mit dem Feuer": Wenn man in dieser Weise projiziert, kann man seine Selbstliebe im Außen erleben und wird durch dieses Erlebnis bereichert, da diese Liebe sowohl Selbstausdruck als auch Selbsterfahrung ist, aber sobald dieser

Vorgang unbewußt wird, wandelt sich die Zentrierung auf die eigene Seele/Mitte zu einer Fixierung auf eine andere Person – die leidvollen Folgen davon werden fast jedem bekannt sein.

An dieser Stelle ist die Erkenntnis notwendig, daß Liebe ein Gefühl des Liebenden und nicht eine Qualität des Geliebten ist.

Eine heile Beziehung kann somit dann entstehen, wenn sich beide über das Wesen der Liebe im Klaren sind und beide die Polarisierungen ihres Selbstbildes und ihres Suchbildes zumindest soweit aufgelöst haben, daß sie ihre eigene Mitte und auch deren männliches und weibliches Spiegelbild zumindest die meiste Zeit klar wahrnehmen können.

Die Qualität einer Begegnung hängt davon ab, was man durch den anderen erlebt: das eigene innere heile Suchbild oder eines der polarisierten Kreisviertel-Bilder.

6. b)   Der zweite Übergang: die Geburt

Bei der Geburt entsteht die erste Projektion, die tiefgehender ist als alle folgenden Projektionen: der „erste Große Irrtum im Leben". Durch den großen Unterschied im Erleben der Welt vor der Geburt und nach der Geburt werden beide Lebensphasen als etwas ganz verschiedenes wahrgenommen. Da die vorgeburtliche Phase weitgehend von dem Erleben der eigenen Seele geprägt ist, wird daher die Mutter fest mit der eigenen Seele assoziiert – und wenn man dann bei der Geburt aus der eigenen Mutter "heraustritt", entsteht der Irrtum, daß man die eigene Seele bei der Mutter läßt. Dadurch wird die eigene Mutter zum eigenen Zentrum, was sie zumindest von allen praktischen Belangen her für das Neugeborene zunächst auch ist – dieser „erste Große Irrtum" hat also durchaus auch eine praktische und sehr nützliche Bedeutung.

Lediglich die Weiterexistenz dieser grundlegenden Projektion im erwachsenen Menschen ist ein Problem, da dies zu einer verzerrten Wahrnehmung der Welt und vor allem zu Irrtümern über das eigene Wesen führt. Aus diesem Grund gibt es bei vielen Naturvölkern zwei Rituale, von denen das erste Ritual das Kind mit ca. 6 Jahren von der Mutter abtrennt und das zweite Ritual dem Jugendlichen mit ca. 14 Jahren hilft, die eigene Seele wiederzufinden.

Die „Prägung auf die eigene Mutter", die durch die Projektion der eigenen Seele auf sie entsteht, findet sich auch im Tierreich wieder, in dem viele neugeborene Tiere dem ersten Wesen folgen, das sie sehen – ganz unabhängig davon, ob es die eigene Mutter ist oder auch nur zu der eigenen Art gehört oder nicht.

Das Erlebnis der Astralreise führte zu der Vorstellung eines geflügelten, d.h. fliegenden Schutzengels, der sich aufgrund der Übertragung der eigenen Seele auf die Mutter nicht mehr im eigenen Körper, sondern außerhalb der eigenen Person (eben in der eigenen Mutter) befindet.

Um inneren Frieden zu finden, ist es früher oder später jedoch notwendig, die eigene Seele wieder in sich selber zurückzuholen bzw. die Vorstellung aufzulösen, daß die eigene Mitte und Identität in der eigenen Mutter und nicht in einem selber ist.

Die Auflösung des „ersten Großen Irrtums" kann man dadurch fördern, daß man wie bei einer Familienaufstellung mit Gesten und Worten die eigene Seele von der Mutter zu sich zurückholt. Dieser Vorgang ist recht schlicht, aber doch wirkungsvoll. Man kann sich dafür die eigene Mutter vor sich stehend vorstellen und z.B. folgende Worte sagen und sie durch passende Gesten begleiten: "Mutter, ich nehme jetzt alles von meiner eigenen Seele, was ich noch auf Dich projiziert habe, zu mir zurück."

Die Schlichtheit dieser Geste läßt eigentlich kaum ahnen, wie groß die Veränderung sein kann, wenn man auf diese Weise seine eigene Mittc zu sich selbst zurückholt.

Diese "Rückholung der Seele" erinnert sehr an die Heilungsmethoden der Schamanen, die Traumata und Projektionen vorwiegend dadurch heilen, daß sie in ihrer Trance oder auf ihrer Astralreise "verlorengegangene Seelenteile" in die Person zurückholen, die sie "verloren" hat.

Auf dieser Projektion der eigenen Seele auf die Mutter bei der Geburt beruhen alle späteren Weiter-Übertragungen auf Freunde und Beziehungspartner. Dies läßt die Intensität von Beziehungen und deren oft existentiellen Charakter verständlich werden: Die Suche nach dem Beziehungspartner ist im Kern die Suche nach der verlorengegangenen eigenen Identität – aber weder der Beziehungspartner noch die eigene Mutter sind die eigene Seele …

Durch die Rückholung der eigenen Seele von der Mutter befindet sich die eigene Mitte anschließend wieder in einem selber und nicht außerhalb in der eigenen Mutter oder in einer anderen Person.

Diese Auflösung der grundlegenden Projektion ist daher auch die Grundlage für jede Beziehung, in der sich zwei Menschen frei begegnen und nicht voneinander abhängig oder auf sonst eine anstrengende Weise miteinander verbunden sind.

Mit diesem Übergang ist auch das eigene Horoskop verbunden. Dieser Zusammenhang ist natürlich nur dann von Bedeutung, wenn man bereits durch ein eingehenderes Studium zu dem Schluß gekommen ist, daß Horoskope sinnvolle Aussagen über Menschen machen.

Die "Rückholung der eigenen Seele von der Mutter" kann eine wichtige Ergänzung zu dem Mandala-Ritual sein, da die Projektion der eigenen Seele auf die Mutter bei der Geburt zumindest in einer normalen Biographie der größte Einzeleinfluss auf die Bildung der psychischen Struktur zu sein scheint, auf der dann alle weiteren Projektionen aufbauen.

6. c) Der dritte Übergang: die Projektionen

Der dritte Übergang bezieht sich auf die Projektionen der vier Bilder in dem äußeren Kreisring auf andere Personen, wodurch das "Drama zu viert" entsteht. Die Heilung dieser Projektionen wurden bereits im Hauptteil dieses Buches beschrieben.

Im Zusammenhang mit dem Beziehungsmandala ist es oft der größte Schritt, die Projektionen als Projektionen anzuerkennen, d.h. die Verantwortung dafür zu übernehmen, daß auch die Menschen, die einem das Leben schwer machen, nicht ohne Grund im eigenen Leben sind. Das Zurückholen der Projektionen in den Kreis des Mandalas ist demzufolge der Punkt, der den größten Mut erfordert – er ist die Herstellung des immer vermiedenen Kontaktes mit den beiden eigenen Schatten.

Dies bedeutet natürlich nicht, daß man für jedes Unglück, daß einem zustößt, verantwortlich ist, oder gar, daß man es klaglos ertragen muß. Es ist jedoch durchaus sinnvoll zu betrachten, ob das Unglück oder das Leid vielleicht doch in das Muster des eigenen Lebens paßt und sein Auftreten daher einen tieferen Sinn hat.

7.   Polarisierung, Konkurrenz und Kooperation

Das Beziehungsmandala ist sehr stark auf dem Prinzip der Opposition aufgebaut. In dem Mandala treten zwei grundsätzlich verschiedene Formen der Opposition auf: Die heile und natürliche Opposition von Mann und Frau, die einen kreativen Ergänzungsgegensatz bilden, und die kranke und verzerrende Opposition von Ideal und Schatten, die durch Erlebnisse entsteht, die man nicht gleich verarbeiten kann. Allerdings ist auch die Bildung der Ideal-Schatten-Polarisierung nicht nur einfach "krank", sondern vor allem ein Versuch, eine heftige Situation zu bewältigen.

Auch die Polarisierung in eine Ideal und einen Schatten ist somit ein sinnvolles Verhalten – lediglich das Weiterbestehen einer solchen Polarisierung, die aufgrund der Heftigkeit des Erlebnisses oder anderer Umstände entstanden ist, bildet später dann ein Hindernis. Die intensivste Polarisierung entsteht durch ein Trauma.

Die Vorgänge, die bei der Polarisierung und Traumatisierung im Lebenskraftkörper und in den Chakren ablaufen, habe ich bereits in meinen beiden Büchern „Der Lebenskraftkörper" und „Die Chakren" ausführlich beschrieben.

Oppositionen haben generell die Neigung, sich immer weiter zu steigern, was an dem Prinzip der Konkurrenz liegt, das zwischen den beiden Polen besteht. Diese Steigerung ins Extrem durch das Prinzip der Konkurrenz läßt sich im Alltag an vielen Stellen beobachten, wobei fast immer die Sache selber, um die es jeweils geht, unter dieser Konkurrenz leidet.

Eine bekannte Polarisierung besteht z.B. zwischen Vermieter und Mieter: Der eine will in der Regel möglichst viel Wohnraum für wenig Geld und der andere möglichst viel Geld für wenig Wohnraum – was letztlich zu dem Bau von "Mietskasernen" geführt hat, in denen eigentlich niemand wohnen will.

Besonders deutlich wird der Nachteil der Konkurrenz im Zusammenhang mit der Arbeit: Es sind genügend Arbeitslose vorhanden, die bereit wären zu arbeiten und es gibt auch genug Bedürfnisse, die erfüllt werden möchten, und ebenso genug Rohstoffe, um die für die Erfüllung der Bedürfnisse notwendigen Arbeiten durchführen zu können, aber aufgrund des Prinzipes der Konkurrenz finden die Arbeiter, die Bedürfnisse und die Rohstoffe nicht zu einer Tätigkeit zusammen – und das System endet stattdessen in einer steigenden Arbeitslosigkeit.

Ein zweiter Aspekt der Konkurrenz ist in diesem Zusammenhang, daß ein Unternehmer möglichst viel verdienen will und deshalb Dinge herstellt, die nicht allzu lange haltbar sind. Würden jedoch alle Dinge vor allem unter dem Aspekt der Haltbarkeit hergestellt, würden letztlich viel weniger Rohstoffe und vor allem auch sehr viel weniger Arbeitszeit benötigt.

Auch in der Psyche läßt sich beobachten, daß Polarisierungen dazu neigen, immer extremer und angespannter zu werden: der Süchtige will immer mehr und der Asket versucht mit immer weniger auszukommen; der Täter sucht nach immer mehr Macht und Einfluß, während das Opfer immer hilfloser wird; und der Angeber sucht nach immer mehr Ruhm, während die "graue Maus" in ihrer vermeintlichen Bedeutungslosigkeit versinkt.

Die Lösung besteht hier wie in der Volkswirtschaft zunächst im Kontakt und in der Kooperation, also in dem Hinschauen, in dem Akzeptieren der Existenz des anderen Poles, im Gespräch mit ihm und schließlich in der gemeinsamen Suche nach einem sinnvollen Verhalten, das die durch die beiden Pole ausgedrückten Bedürfnisse miteinbezieht. Dies gilt für das Verhältnis zwischen Mieter und Vermieter genauso wie zwischen dem Ideal und dem Schatten in einer Psyche ...

Die Heilung von Polarisierungen besteht im Anhalten, im Innehalten und in der Entspannung, die es erst möglich machen, daß sich die beiden Pole einander annähern. Diese Annäherung sollte im Allgemeinen in kleinen Schritten erfolgen, da die Polarisierung aus einer inneren Notwendigkeit heraus entstanden ist, d.h. aus dem Versuch, eine Lösung für eine Situation zu finden, von der man sich mehr oder weniger überfordert gefühlt hat. Durch die Betrachtung von Polarisierungen, d.h. durch die Begegnung mit den eigenen Schatten gerät das bisherige "Stützgerüst", mit dem man sein eigenes Leben und sich selber intakt gehalten hat, ins Wanken, was bedeutet, daß man eine Perspektive braucht, wie man sein Leben besser als bisher gestalten kann.

Wenn man diesen Vorgang zu schnell bewältigen will, fehlt einem unter Umständen die Zeit, um alle auftretenden Gefühle annehmen zu können, und es kann auch Angst aufgrund der entstehenden Haltlosigkeit beim zu schnellen Loslassen der früheren Verhaltensweisen auftreten.

Die nötige Perspektive, die bei dieser Verwandlung Hoffnung gibt, kann durch die drei inneren Bilder des Beziehungsmandalas deutlich werden: das innere, heile Männerbild und das innere heile Frauenbild, die beide Spiegelbild der eigenen Seele im Zentrum des Mandalas sind.

Dieses Prinzip der Polarisierung ist vielen Menschen durchaus bewußt, auch wenn sie es vielleicht nicht so formulieren und die Ursache für diese Polarisierung auch nicht in sich selber suchen würden.

Wenn man sich des öfteren mit Menschen über Beziehungen unterhält, kann man recht häufig in etwa folgende Bemerkung hören: "Mein Partner hat die einen guten Eigenschaften, aber andere fehlen ihm leider so gut wie ganz. Und der andere, der jetzt nur mein Freund ist, der ist gerade entgegengesetzt: was meinem Partner fehlt hat er, aber was mein Partner hat, das fehlt ihm. Wenn ich doch einfach beide zu einem Menschen zusammenfassen könnte! Das wäre perfekt!"

Dieses Wieder-Zusammenführen der beiden polarisierten und auseinandergebrochenen Hälften des ursprünglichen Frauen- bzw. Männerbildes ist genau das, wobei das Beziehungsmandala-Ritual helfen kann.

… und diese innere Heilung des Selbstbildes und des Suchbildes führt dann auch im Innen zu einer Haltung der Selbstliebe und im Außen zu der Begegnung mit Menschen, die heil und rund sind – sowohl diese Menschen sind dann runder als auch die Begegnungen mit ihnen.

Für die Heilung ist es wichtig, sich Zeit dafür zu nehmen, alle Gefühle, Bilder und Körpergefühle, die auftauchen, freundlich anzusehen und ihre Existenz nicht nur zu akzeptieren, sondern ihnen als Versuchen, einen selber am Leben zu erhalten und glücklich werden zu lassen, zu danken. Letztlich gibt es nichts in der eigenen Psyche, das nicht in dem eigenen Lebenswillen wurzelt – und aus diesem Grund ist es möglich, alles, was man in der eigenen Psyche findet, anzunehmen und ihm für seine guten Absichten zu danken.

In diesem Sinne gibt es in der eigenen Psyche nichts „Böses", sondern nur so manches, was den Realitätsbezug verloren und sich verlaufen hat.

Diese Annehmen und Bedanken bedeutet nun nicht, daß man alles so läßt, wie es ist, sondern nur, daß man es nicht „abzuschneiden" braucht (was auch unmöglich ist), sondern daß man zusammen mit allen Teilen der eigenen Psyche neue Wege suchen und erproben kann, durch die sich dann auch die polarisierten Teile der Psyche entspannen und entzerren können und schließlich wieder zu den ursprünglichen heilen Bildern zurückkehren können.

Bei diesem Vorgang ist es sinnvoll, nicht nur die Bilder, die spontan auftauchen, anzuschauen, sondern auch gezielt vor allem die heilen Bilder in sich aufzusuchen, um in ihnen einen Halt zu finden und durch sie inspiriert zu werden und Hoffnung zu schöpfen. Dabei kann das Beziehungsmandala-Ritual eine Hilfe sein.

Dieses Ritual „macht" nicht heil wie eine Operation, aber es vermittelt den Geschmack von Heil-sein und lenkt die Lebenskraft zumindest teilweise in neue Bahnen und Bilder, was eine deutliche Erleichterung sein kann. Rituale wirken generell recht ähnlich wie homöopathische Heilmittel – sie regen den Gesundungsprozeß an. Heilung ist wie das Pflegen eines Gartens: man kann die Pflanzen nicht „großziehen", aber man kann jäten und gießen, sodaß die Pflanzen gedeihen.

Wenn man das Beziehungsmandala betrachtet, könnte man zu dem Schluß kommen, daß man erst dann, wenn man alle Polarisierungen in sich selber aufgelöst hat, eine wirklich lebendige Beziehung führen kann. In gewisser Weise trifft dies wohl auch zu, aber eine Beziehung ist nie nur durch diese Polarisierungen geprägt, sondern es gibt immer auch einen Bereich, der heil geblieben ist und in dem man sich ohne Ängste und Süchte begegnen kann. Die Polarisierung ist eine mehr oder weniger große Störung, aber nie das ganze System.

Zudem gibt es auch die Möglichkeit, zusammen zu heilen und zu wachsen – auch wenn dies nicht gerade die häufigste Dynamik in Beziehungen ist. Dieses gemeinsame Wachsen ist nicht nur mit Beziehungspartnern, sondern auch mit Freunden und sogar mit den „Gegnern" möglich.

Wenn man sich erst einmal der eigenen Situation und der Dynamik von Beziehungen bewußt geworden ist, kann man seine Beziehungen, Freundschaften und „Gegnerschaften" auf eine andere Weise leben: Man kann dann die Frage stellen: „Sag mal, verstehst Du, was wir beide da eigentlich machen?"

Diese einfache Frage hilft dabei, den Kopf wieder „über Wasser" zu bekommen und statt in der Beziehungsdynamik gefangen zu sein kreativ mit ihr umgehen zu können. Es gibt allerdings auch Begegnungen, in denen solche Betrachtungen und Gespräche nicht weiterhelfen, weil einer der beiden in seiner Angst oder Sucht sein Muster nicht verlassen kann.

Aber die Möglichkeit sowohl zum Erreichen eines „runden Lebens" als auch zum gemeinsamen Wachstum existiert ...

- - -

Ich hoffe, daß das Beziehungsmandala und das auf seiner Struktur aufbauende Ritual einigen Leserinnen und Lesern eine Hilfe bei der Heilung der Psyche sein können.

Das Mandala und das auf ihm aufbauende Ritual sind aber wie alle anderen Methoden auch kein Allheilmittel, sondern nur eines der vielen Hilfsmittel, die man auf dem Weg der eigenen Heilung und bei der Hilfe für andere benutzen kann, wenn sie einem dafür geeignet erscheinen …

Ich würde mich freuen, wenn dieses kleine Buch den einen oder anderen dabei unterstützen kann, sich selbst und andere wieder ein wenig mehr zu einem Leben aus der eigenen Mitte heraus zu verhelfen.

Harry Eilenstein

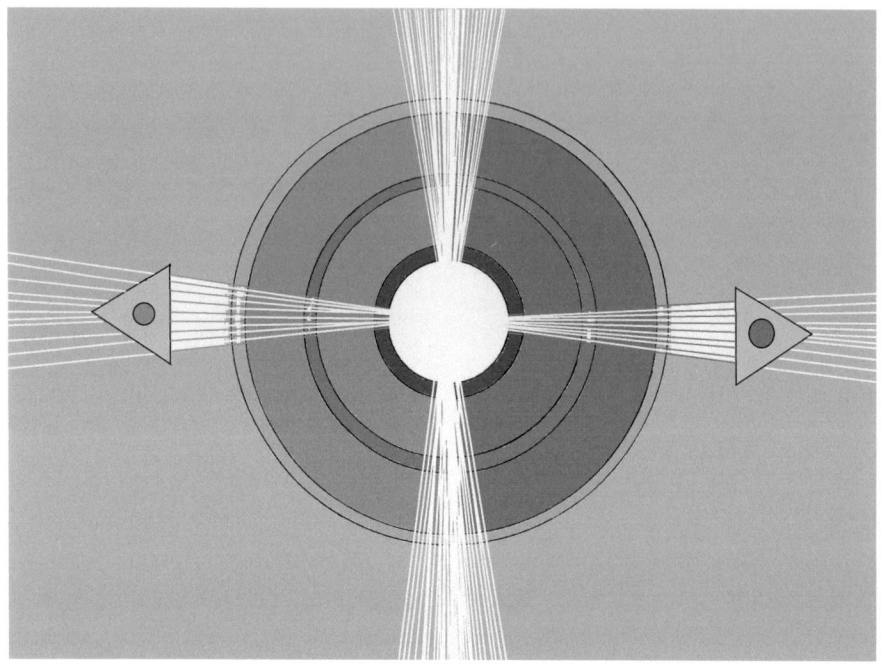

… und wenn die Polarisierung geheilt ist, kann man jemanden finden, mit dem zusammen man den eigenen inneren Mann und die eigene innere Frau und auch die beiden inneren Bildern des anderen leben kann – der Mann die beiden Männerbilder: sein eigenes Selbstbild und das Männerbild der Frau; und die Frau die beiden Frauenbilder: das eigene Selbstbild und das Selbstbild des Mannes.

Dann lassen beide die heilen Suchbilder des anderen Wirklichkeit im Außen werden und es entsteht eine Begegnung, in der Mann und Frau in sich ruhen, aus sich heraus heraus erfüllt sind und nichts brauchen – und sich an dem anderen erfreuen, mit ihm zusammen die Welt entdecken und sich gegenseitig „die Bälle zuwerfen".

Dann wird die Selbstliebe der Seele des Mannes und die Selbstliebe der Seele der Frau in der Begegnung zwischen Mann und Frau im Außen real und für beide auf eine intensive Weise erlebbar.

Dann haben sie das, was das Wesen der Seelen ist, in die materielle Welt geholt … sie haben dann den Himmel auf Erden erschaffen ...